LINGUAGEM CORPORAL

A linguagem corporal e a comunicação não verbal

(Guia ilustrado para entender comunicação não verbal)

Diogo Pinto

Traduzido por Jason Thawne

Diogo Pinto

Linguagem Corporal: A linguagem corporal e a comunicação não verbal (Guia ilustrado para entender comunicação não verbal)

ISBN 978-1-989891-50-6

Termos e Condições

De modo nenhum é permitido reproduzir, duplicar ou até mesmo transmitir qualquer parte deste documento em meios eletrônicos ou impressos. A gravação desta publicação é estritamente proibida e qualquer armazenamento deste documento não é permitido, a menos que haja permissão por escrito do editor. Todos os direitos são reservados.

As informações fornecidas neste documento são declaradas verdadeiras e consistentes, na medida em que qualquer responsabilidade, em termos de desatenção ou de outra forma, por qualquer uso ou abuso de quaisquer políticas, processos ou instruções contidas, é de responsabilidade exclusiva e pessoal do leitor destinatário. Sob nenhuma circunstância qualquer, responsabilidade legal ou culpa será imposta ao editor por qualquer reparação, dano ou perda monetária devida às informações aqui contidas, direta ou indiretamente. Os respectivos autores são proprietários de todos os direitos autorais não detidos pelo editor.

Aviso Legal:

Este livro é protegido por direitos autorais. Ele é designado exclusivamente para uso pessoal. Você não pode alterar, distribuir, vender, usar, citar ou parafrasear qualquer parte ou o conteúdo deste ebook sem o consentimento do autor ou proprietário dos direitos autorais. Ações legais poderão ser tomadas caso isso seja violado.

Termos de Responsabilidade:

Observe também que as informações contidas neste documento são apenas para fins educacionais e de entretenimento. Todo esforço foi feito para fornecer informações completas precisas, atualizadas e confiáveis. Nenhuma garantia de qualquer tipo é expressa ou mesmo implícita. Os leitores reconhecem que o autor não está envolvido na prestação de aconselhamento jurídico, financeiro, médico ou profissional.

Ao ler este documento, o leitor concorda que sob nenhuma circunstância somos responsáveis por quaisquer perdas, diretas ou indiretas, que venham a ocorrer como resultado do uso de informações contidas neste documento, incluindo, mas não limitado a, erros, omissões, ou imprecisões.

Índice

Parte 1 1

Importância Da Linguagem Corporal 2

LINGUAGEM CORPORAL, UM ELEMENTO INTEGRAL DA COMUNICAÇÃO
NÃO-VERBAL 2
O QUÃO IMPORTANTE SÃO AS EXPRESSÕES FACIAIS? 4
A POSTURA DO CORPO SERVE MUITÍSSIMO PARA A COMUNICAÇÃO .. 5
ATÉ MESMO O MAIS PEQUENO GESTO IMPORTA 5

A Química Por Trás Da Linguagem Corporal 7

A COMUNICAÇÃO NÃO-VERBAL É AMBÍGUA? 10
E SOBRE A CREDIBILIDADE? 10
COMUNICAÇÃO NÃO-VERBAL, REFORÇANDO A MANEIRA COMO NOS
SENTIMOS/PENSAMOS 12

As Quatro Distâncias Na Linguagem Corporal 14

DISTÂNCIA ÍNTIMA 15
DISTÂNCIA PESSOAL 16
DISTÂNCIA SOCIAL 18
DISTÂNCIA PÚBLICA 20

Sinais Da Linguagem Corporal–Membros Inferiores 22

PERNAS CRUZADAS 22
CRUZAR AS PERNAS PARA LONGE DE OUTRAS PESSOAS 23
PERNAS CRUZADAS QUANDO ESTIVER EM PÉ PODEM INDICAR TIMIDEZ
.... 24

Sinais Da Linguagem Corporal–Parte Superior Do Corpo E
Torso 26

OMBROS E COSTAS 28
BRAÇOS CRUZADOS 28
FICAR DE PÉ COM AS MÃOS NOS QUADRIS 30
SEGURAR AS MÃOS ATRÁS DAS COSTAS 31

Manter Os Braços Próximos Ao Corpo 33
Bater Ou Mexer Os Dedos Repetidamente 34

Sinais Da Linguagem Corporal - Rosto, Pescoço E Olhos 34

Movimentos Dos Olhos 37
Felicidade 38
Tristeza 39
Raiva 40
Surpresa 41
Repulsa 42
Medo 43
Confusão 44
Excitação 44
Qual O Significado De Olhar Para Baixo? 46
E Quanto A Olhar De Lado? 47
O Movimento Lateral Do Olho Podecontar Muito Sobre Você Mesmo 48
Encarar E Olhar De Relance 49
Contato Visual É Uma Forma De Comunicação? 50

Diferenças Culturais Na Linguagem Corporal 52

Linguagem Corporal Em Diferentes Situações Sociais 55

Como Usar Seu Corpo E Impressionar Os Outros Com Sua Confiança 55
Como Saber Quando Se Está Sendo Defensivo 56
Linguagem Corporal E Falta De Interesse 57
Sua Linguagem Corporal Pode Dizer Se Você Está Sendo Verdadeiro Ou Mentindo 58
O Corpo Fala Antes Das Palavras 59
Como Usar Seu Corpo Para Ser Mais Aberto E Receptivo 59

Conclusão 63

Parte 2 65

Introdução 66

Capítulo 1: O Poder Da Atenção 73

Capítulo 2: Postura 76

Capítulo 3: Expressões Faciais 80

Raiva *83*
OS OLHOS SÃO AS JANELAS DA ALMA 89
OS LÁBIOS NÃO MENTEM 92
SORRISO 94
Sorriso Com Os Lábios Cerrados *96*
Meio Sorriso *97*
Sorriso De Cair O Queixo *97*

Capítulo 4: Gestos Com As Mãos 99

Capítulo 5: Braços 107

Capítulo 6: Movimente-Se 111

Capítulo 7: Como Pegar Um Mentiroso 115

POSIÇÃO DOS OLHOS 121
SE COÇANDO 123

Capítulo 8: Lidere 131

Capítulo 9: Linguagem Corporal No Trabalho 139

Capítulo 10: Use Em Sua Vantagem 151

Conclusão 157

Parte 1

Importância da Linguagem Corporal

Desde os tempos antigos, usamos nossa linguagem corporal para nos comunicar, transmitindo nossas emoções e pensamentos para aqueles ao nosso redor. Cada pessoa tem uma linguagem corporal diferente, englobando não apenas as expressões faciais, mas também posturas e gestos. Até mesmo o movimento dos olhos é consideradoparte da comunicação não-verbal, sendo seguido de perto pelo toque e pelo uso do espaço pessoal.

Linguagem Corporal, um elemento integral da comunicação não-verbal

Como a citação acima claramente aponta, na verdade 80% da comunicação humana é não verbal. Alguns especialistas argumentam que pode ser até mais. A linguagem corporal é considerada um elemento integral da comunicação não-verbal, sendo usada, consciente ou inconscientemente, para interagir com outras pessoas. Costuma-se dizer que a linguagem corporal servirá para complementar a comunicação verbal. Através de nossos gestos, posturas e expressões estamos realmente transmitindo muitas informações sobre nós mesmos para o interlocutor.

Está claro que a linguagem corporal pode fazer a diferença entre uma interação bem-sucedida e aquela que está fadada ao fracasso desde o início. Basicamente, a informação transmitida através de meios não-verbais, garantirá uma interação apropriada entreduas ou mais pessoas. No entanto, devido as diferenças culturais e outros fatores que influenciam, é importante dizer que a linguagem corporal pode, às vezes, levar a confusões ou estado de ambiguidade. Cada um tem que ser capaz de usar sua linguagem corporal em seu próprio benefício, trabalhando ao mesmo tempo para decifrara informação não-verbal transmitida pela outra pessoa com a máxima precisão. No final, ao dominar a arte da comunicação não-verbal, você terá mais interações bem-sucedidascom outras pessoas; reduzindo o risco de mal entendidos, confusão e constrangimento social.

O quão importante são as expressões faciais?

Toda pessoa no planeta tem expressões faciais, usadas comumente para expressar emoções e/ou pensamentos. É fascinante como muitos músculos estão envolvidos nestas expressões faciais, nos permitindo expressar nossa felicidade, tristeza ouraiva. Erguemos nossas sobrancelhasquando estamos surpresos. Nós torcemos nossos narizesquando algo não combina com nossas preferências. Os cantos da boca se erguem quando estamos felizes. Uma avalanche de expressões faciais entregam informações para o interlocutorsobre como nos sentimos ou pensamos.

Curiosamente, nósfrequentemente usamos expressões faciais e corporais ao mesmo tempo, a fim de transmitir uma interpretação mais significativa de nossos pensamentos e sentimentos. A pessoa que recebe a informação analisará as expressões faciais e corporais de uma só vez, usando sua linguagem corporal para responder à situação em questão.

A postura do corpo serve muitíssimo para a comunicação

A postura corporal de uma pessoa pode fornecer informações sobre a maneira como ela está se sentindo. Também é útil para determinar o que essa pessoa pensa, no momento em questão. As posturas corporais servem como reflexo de nossas emoções, quer estejamos conscientes disso ou não. Por exemplo, se uma pessoa está sentada em uma cadeira, com as costas relaxadas e braços e pernas abertos, isso significa que ela está de fato relaxada, interessada em se comunicar com a pessoa que está em pé na frente dela. Por outro lado, se os braços e pernas estão cruzados, o interesse na interação específica é muito baixo, se não nulo.

Até mesmo o mais pequeno gesto importa

Uma pessoa sábia uma vez disse queum pequeno gesto pode ter um grande impacto. Durante todo o dia, nós interagimos com um número de pessoas, usando gestos para complementar nossas mensagens verbais. Nossos braços, mãos e dedos movem-se em várias direções, assim como nossa cabeça e pernas. Muitos destes gestos são involuntários, porém gestos voluntários podem ser usados para destacar informações que foram transmitidas através de meios orais.

Os gestos que fazemos podem terimpacto diferente, dependendo da cultura a qual pertencemos. Por exemplo, muitos dos gestos feitos com os dedos,que são aceitos nas culturas ocidentais, são ofensivos no Oriente Médio. É importante sempre dedicar um tempopara determinar se um gesto é aceitável ou não do ponto de vista cultural. Você garantirá uma interação apropriadacom a outra pessoa, sem correr o risco de ser insensível em relação à cultura.

Que tipos de informação os gestos podem passar? Bem, vamos pegar os gestos com as mãos como exemplo. Se suas mãos estão relaxadas e se movendo abertamente, isso significa que você confia na informação que lhe é apresentada, e com certeza, em si mesmo (autoconfiança). Por outro lado, manter as mãos cerradas pode indicar que você está estressado ou com raiva. Mover as mãos constantemente ou segurá-las juntas pode significar que você está agitado, nervoso ou ansioso.

A Química por trás da Linguagem Corporal

A comunicação é essencial para nós seres humanos. Na maioria das vezes, quando pensamos em comunicação, tendemos a focar na comunicação verbal. Entretanto, a realidade é que a comunicação não-verbal é mais relevante. Pense a respeito. Os humanos têm usado a comunicação não-verbal desdeo início dos tempos, muito antes da língua falada aparecer.

A comunicação não-verbal nos diz muito sobre como nós somose a mensagem que estamos tentando transmitir. Transmite mais informações do quepalavras reais, principalmente em relação as coisas que estamos sentindo ou pensando. Na verdade, vários estudosconfirmam que, a comunicação não-verbalfornece mais significado do que qualquer outra forma de comunicação.

Nós tendemos a confiar em gestos e expressões faciais, em situações ondenão estamos certos quanto a mensagem verbal que queremos passar. Também foi descoberto que a comunicação não-verbalé preferida para a expressão de emoções e pensamentos, mesmo que isso possa ocorrer involuntariamente.

Vamos pegar um exemplo. Imagine que alguém lhe pede algo, mas vocênão tem certeza das intençõespor trás do pedido. Bem, em tal situação, você provavelmente confianá comunicação não-verbalpara identificar as emoções e pensamentosda pessoa que está pedindo algo. Quanto mais interpessoal for a interação, mais você confiará nas dicas não-verbais para ajudar. Isto é válido para trocas emocionais também.

Talvez,a coisa mais interessante sobre a comunicação não-verbalé que quase sempre é involuntário. Dada a sua natureza, você não pode controlartão facilmente quantoa comunicação verbal e, o mais importante, você não pode fingir. Não tem certeza disso? Volte no tempo e lembre quando conheceu alguém pela primeira vez. Se você não gostou dele/dela, é altamente provável que você, involuntariamente, enviou mensagens não-verbais sobre seu interesse.É difícil fingir interesse, não importa o quanto você tente.

Você pode olhar para a comunicação não-verbal como o fator principal para comunicar seus pensamentos e sentimentos. É verdade que algumas pessoas aprendem a controlar seus gestos e expressões faciais; eles o fazem para atingir um objetivo específico. São pessoas que representam empresas importantes, portanto eles devem se educare passar as mensagens da empresa, sem transmitir suas próprias opiniõesatravés de pistas não-verbais.O resto de nós temdificuldade em controlarnossa atitude não-verbal, especialmente quando entramos em uma situação ondepensamentos e sentimentos pessoaistem que ser necessariamente expressados.

A comunicação não-verbal é ambígua?
A comunicação verbal é clara e cristalina, na maioria das situações. A comunicação não-verbal, por outro lado, é bastante ambígua, com expressões faciais e gestos,dada uma multiplicidade de significados, dependendo da situação em questão, culturas ou personalidades envolvidas. Há muitas pistas não-verbaisque não tem um significado específico, estando abertas a interpretações. Às vezes, para reduzir o nível de ambiguidade, talvez possamos confiar em outras pistas, tais quais, o ambiente no qual estamos ou as palavras ditas pelo nosso interlocutor.

E sobre a credibilidade?
Quando uma pessoa fala sobre um assunto, você não está necessariamente inclinado a acreditarnela. Ao decidir se vale a pena ou não acreditar nas palavras

ditas por aquela pessoa, você provavelmente levará em conta uma variedade de fatores, incluindo o histórico dessa pessoa, cultura e experiênciana áreasobre a qual ela está falando.

Curiosamente, nós achamos mais fácil acreditar nas informações transmitidas através de meios não-verbais. Peter Drucker uma vez disse queo mais importante na comunicaçãoé ouvir o que não é dito. Bem, a comunicação não-verbal é mais confiáveldo que a mensagem verbal, principalmente porque é difícilser falsaou mantida sob controle.

A comunicação não-verbalgeralmente tem uma natureza involuntáriae esta é uma das razõespelas quais a mensagem transmitida através dela apresenta um nível maiorde credibilidade.Basicamente, você não pode fingir seus gestos ou expressões faciais, portanto a outra pessoa responderá de maneira honesta e adequada também.

Comunicação não-verbal, reforçando a maneira como nos sentimos/pensamos

Muitas das expressões faciais que usamos diariamentesão involuntárias. Nossos corpos se acostumaram a usar elas como uma forma de reforçar como nos sentimos e pensamos. Às vezes, a comunicação verbal não é suficientepara demonstrar aos outros nosso estado emocional ou os pensamentos que estão passando em nosso mente. Por exemplo, digamos que você queira contar uma piada para um amigo. Sorrindo, você irá melhorar a qualidade da comunicação, já que as suas pistas não-verbais transmitirão uma mensagem clara sobre como você está se sentindo.

É importante entender que a comunicação não-verbaltem um impacto claro e profundo nos relacionamentos. Esse impacto pode serpositivo ou negativo, dependendo da situaçãoem que você se encontra. Nós geralmente confiamos nos gestos para expressar nossas emoções, especialmente quando se trata de interações com aqueles que amamos ou estimamos. Amigos dão as mãos, casais se beijame mães sempre acariciam seus filhos. A comunicação não-verbalassegura relações mais próximas, mesmo quando não houver comunicação verbal.

No atual mundo moderno, nós confiamos na comunicação verbalpara identificar a melhor solução para problemasexistentes. Este tipo de comunicaçãodeve ser usado para receber/darinstruções detalhadassobre uma tarefa que temos que desempenhar. No entanto, a comunicação não-verbal continua sendoum método excelentepara transmitirnossas emoções e/ou pensamentos para os outros. É eficiente e, o mais importante, é sempre exato. Assim sendo, a próxima vez que você estiver sem palavras, deixe o seu corpo falar por você.É garantido que ele fará o trabalho, contando para a outra pessoacomo você realmente se sente e pensa.

As Quatro Distâncias na Linguagem Corporal

A linguagem corporal geralmente mostra a extensão do seus sentimentos por alguém. Por exemplo, seus sentimentos por outra pessoa, se você gosta dele ou dela como amigo ou tem um interesse romântico, serão mostrados através da sua linguagem corporal. Um outro fator importanteé a distância física que você observa da pessoa com quem está interagindo, já que todo relacionamentoe ambiente social tem sua própria distância recomendada. Portanto, a próxima vez que estiver em uma conversa, preste atenção na distância que está mantendo de alguém. Sua linguagem corporal envia uma mensagem mais forte do que as palavras que está dizendo. As pessoas se interessam muito mais em leros sinais não-verbais do que no que sai da sua boca. Para evitar ser mal entendido, é uma boa ideia aprender sobre as distâncias comuns observadas na comunicação não-verbal. Você pode então usar as informações que aprendeu para fixarseu ponto de vista enviando a mensagem certa.

Distância Íntima

Com esta distância, você deve notar uma diferença de 15 a 45 centímetros com o seu parceiro. Essa distância é geralmente reservada apenas para pessoas íntimas e com um forte afeto uma pela outra. Essa distância é suficiente para permitir o toque real, o que significa que há uma oportunidade maior de estar mais perto um do outro. Os casais costumam manter essa distância quando estão em público.

Se você estiver lidando com uma pessoa que não esteja intimamente conectada a você, mantenha a distância adequada, pois invadir o espaço pessoal de alguém pode ser um gesto perturbador e pode fazer com que se sintam desconfortáveis. A distância íntima é preservada para pessoas que têm relacionamentos íntimos, como casais, parentes próximos ou até mesmo animais de estimação adorados. Nestes casos, manter uma distância menor ajuda a fortalecer os laços existentes.

Distância Pessoal
Uma distância de 45 centímetros a 1,2 metros é a distância pessoal que é comum entre amigos próximos e colegas. Você sempre encontrará pessoas em conversas profundas mantendo essa distância, especialmente porque as pessoas são mais capazes de notar a linguagem corporal de seus colegas ou amigos. Expressões como movimento dos olhos e dos lábios emitem uma mensagem não-verbal muito forte que mostra a direção em que a conversa está indo. É muito crítico que a distância apropriada, baseada no cenário social, seja estritamente mantida.

Se você quiserdar um aperto de mão, a distância pessoal também é adequada, pois permite espaço suficiente para essa ação, assim como quaisquer outros gestos físicos que você considera importantes em um ambiente social casual. Isso ocorre porque a distância pode cobrir o comprimento do braço, o que é conveniente quando se está mantendo discussões em grupo. Você não terá limitações aos seus movimentos, independentemente do número de pessoas ao seu redor. Há espaço suficiente para seu uso e o conforto é garantido. Sempre que tiver sócios e amigos próximos a você para algumas discussões, assegure-se de manter uma distância pessoal. Quando a distância pessoal apropriada é mantida, as pessoas ficam mais confortáveis e à vontade.

Distância Social
Esta distância exige que duas pessoas estejam de 1,2 a 3,6 metros distantesuma da outra. Como esta distância é mais para reuniões sociais, não há necessidade de manteruma distância maior, como as que você manteria em ambientes formais. Nestes ambientes, lembre-se também de respeitar o posicionamento das outras pessoas ao seu redor. Sua linguagem corporal e onde você escolhe se posicionar em uma sala tem um efeito significativo em como você é percebido pelos outros. É importante enviar uma imagem humilde e não dominante para que outras pessoas na reunião sintam que estão sendo respeitadas e ouvidas. Nas reuniões sociais, cada pessoa deve ter a mesma oportunidade de participar.

A distância social é projetada de tal maneira que manter contato visual entre as pessoas presentes é fácil. Os discursos proferidos nas reuniões sociais também devem ser altos o suficiente para que todos possam ouvir. Ter a quantidade certa de contato visual e volume de voz pode ajudar a tornar a comunicação bem-sucedida. Sem esses elementos essenciais, a eficácia e a produtividade das reuniões sociais serão reduzidas.

Uma informação adicional é que algumas reuniões sociais também podem ser formais. Assim, há exceções para a distância de um a três metros. Saber qual distância é apropriada em cada situação é crucial.

Distância Pública
Esta distância mede de 3,7 a 7 metrose entra em jogo em reuniões públicasonde uma pessoa está se dirigindo a uma multidão. É necessário ter a certeza de que as informações sendo passadas podem ser recebidas por todas as pessoas sem exceções. Além disso, em um palco públicoonde a multidão pode estar mais carregada, esta distância oferece segurançaao proteger o interlocutor de um possível ataque. É sempre bom manter uma distância segura das pessoas que possam atacar a qualquer momento. Porém, considerando uma distância maior, oradosque estão a uma distância de três a sete metros longeda audiência são forçados a usar, principalmente, gestos não-verbais exageradospara passar sua mensagem ao público com eficácia. A mensagem do interlocutoré mais eficaz quando sua linguagem corporalcombina perfeitamente com as palavras ditas.

A essa distância, também será muito difícilpara as pessoas veremas expressões faciais do orador. Dessa maneira, torna-se ainda mais crucial que o interlocutoruse efetivamente gestospara dar mais brilho a sua mensagem. Pessoas que têm experiência em falar em públicoe sabem como ler linguagem corporalserão mais ligeiras em fazer ajustes rápidospara atender sua multidão ou público. Como exemplo, oradores experientesusarão gestos maiores com as mãos ou a cabeçapara substituir as expressões faciais que o seu públiconão consegue ver a longa distância. Um outro exemplo de alguémque manteria uma distância públicaé um professor, que mantém um bom espaço dos estudantes enquanto ensina.

Agora que você já aprendeu sobre as diferentes distâncias, você deve escolher a distância apropriada para cada situação. Não escolha uma distância íntimaquando estiver falando em uma reunião públicaou vice e versa.Entender estes gestos da comunicação não-verbalirá lhe beneficiar de várias formas, seja pessoalou através de seu relacionamento com os outros. Entender a linguagem corporal pode ajudara entender melhor como as outras pessoas estão se sentindo em uma situação. Ser capaz de se comunicar bem com a linguagem corporaltambém ajudará a desenvolver os relacionamentos de maneira mais eficiente, pois os outros terão tempo de lhe conhecere formar um relacionamento com você.

Sinais da Linguagem Corporal–Membros Inferiores

Se as pernas da pessoa estiverem separadas na largura dos ombros, seja quando estiver em pé ou sentada, isso indica que a pessoa está relaxada.

Pernas cruzadas

Pernas cruzadas podem ser interpretadas como se alguém precisasse de alguma privacidade, por isso ele ou ela está completamente fechado. Outras pessoas terão acesso a você negado, então não há espaço para iniciar qualquer tipo de conversa. Outra mensagemque pernas cruzadas podem passar é que você não está pronto para sair. Você quer ficar por mais tempo e ter a garantia de que ninguém vai te expulsar. Nos homens, cruzar as pernas pode ser usado como uma forma de proteger a masculinidade. Sabe-se que pessoas que têm baixa autoestima preferem esse posicionamento das pernas.

Cruzar as pernas para longe de outras pessoas

Quando você cruza as pernas, pode optar por fazê-lo com as pernas afastadas da pessoa com quem está lidando. Isso envia uma mensagem dura. Isso significa que você não está interessado naquilo que a pessoa está dizendo. É uma maneira dura de demonstrar desaprovação e desconforto. Muito poucas pessoas têm a confiança de dizer às outras pessoas que elas não gostam de seus sentimentos em relação a elas. Se você é um desses indivíduos, esse posicionamento de pernas pode vir em seu socorro. Não haverá necessidade de conversas adicionais para permitir que essas pessoas leiam sua comunicação não-verbal. Diz tudo em ações claras.

Pernas cruzadas quando estiver em pé podem indicar timidez

Cruzar as pernas quando se está em pé pode significar que a pessoa é tímida ou está desconfortável em uma determinada situação social. Também pode significar que a pessoa está cansada de ficar de pé e quer se sentar.

Resumo

Cruzar as pernas enquanto estiver sentadoé algo que a maioria das pessoasfaz por puro conforto, especialmente as mulheres. Mas, às vezes isso pode significar que a pessoa está se sentindo na defensiva, retirada ou fechada.

A posição do pé também é uma ferramenta útil na interpretação da linguagem corporal. Se os pés da pessoa estão apontando para você quando estiver em pé de frente um para o outro, isso indica que a pessoa está à vontade com você. Seus olhos estarão focados em você e sua cabeça será apontada em sua direção.

Entretanto, se os pés da pessoa estiverem apontando para longe de você, é muito provável que a cabeça e os olhos também não estejam em você. Isso pode indicar uma falta de interesse ou uma sensação de desconforto ou constrangimento.

Estas são apenas algumas das dicas que podem ser usadas para interpretação da linguagem corporal. Interpretação da linguagem corporal é uma habilidade útil que você precisa trabalhar regularmente. É extremamente benéfico se você souber decifrar os significados da linguagem corporal de outra pessoa. Porém, as indicações não são verdadeiras em todos os momentos. Nem todas as impressões da leitura da linguagem corporal duram. Isso só será favorável se você já tiver uma ideia sobre a personalidade da pessoa.

Com mais prática, você será melhor e mais sutilna sua abordagem.

Sinais da Linguagem Corporal–Parte Superior do Corpo e Torso

Nossos braços e mãos são uma outra chave para a interpretação da linguagem corporal.

- Os braços em uma posição aberta demonstram um sentimento de honestidade e que a pessoa está aceitando a situação.
- Braços cruzados no peito significamuma postura defensiva, e também pode significardúvida ou suspeita sobre o que a outra pessoa está dizendo.
- Palmas da mão abertas expressamum sentimento de estar relaxadoe confortável.
- Colocar as mãos no bolso é geralmenteum sinal de nervosismo ou falta de interesse.
- As mãos na cintura podem indicarraiva ou fúria.

1. modo como a pessoa aperta a mãopode ter todos os tipos de significado:
2. É costume levantar-se para apertar as mãos. Isso mostra um sinal de respeito. Contato visual durante todo o tempo do aperto de mão é sinal de sinceridade.
3. A pessoa que inicia o aperto de mão está mostrando um sinal de confiança, enquanto as palmas das mãos suadas indicam ansiedade ou nervosismo.
4. Um aperto de mão firmecom a mão apontando para baixo é universalmente reconhecidocomo sinal de confiança. As palmas das mãos também devem entrar em contato uma com a outra. Muito apertado, pode significar que estão se compensando demais por algo. Por outro lado, um aperto de mão fracocom a mão apontando para cimaindica timidez ou nervosismo.

Ombros e Costas

Quando os ombros estão quadrados e puxados para trás, sem muito aperto nos músculos das costas, indicam confiança.

Quando os músculos das costas estiverem rígidos e duros, isso indica tensão e nervosismo. Postura relaxada das costas e ombros significa preguiça ou tédio.

Braços cruzados

Há vários tipos de mensagenspassadas pelos braços cruzados, mas geralmente retratauma pessoa defensiva. Quando você tem os braços cruzados, em geral, significa que você nãoquer comunicação com outras pessoasou fatores externos. Muitas pessoas tendem a fingir que cruzam os braços porque está frio,pois gostariam de gerar algum calor. Em sua superficialidade, há pessoas que interpretarão tal expressão de maneira semelhante. Com o devido respeito, isso tem um significado totalmente diferente quando se trata de lidar com a linguagem corporal.

Isto também implica quevocê não está pronto para se comprometerem qualquer discussão ou conversa daquele tipo. Isso literalmente coloca uma barreirana frente do corpo para alertarqualquer pessoas com a intenção de iniciar uma conversa. Deste modo,deve-se ser muito cauteloso em falar com uma pessoa que tenha osbraços cruzados. Vulnerabilidade ou sensação de insegurança pode informar a decisão de uma pessoa de cruzar os braços. Se for esse o caso, será interpretado como se você estivesse buscando autoconforto, e isso será necessário em tal ponto.

Visto que os braços cruzados podem significar que alguém está fechado a quaisquer discussões, existem sinais adicionais que completam o gesto que você também deve procurar. Quando uma pessoa cruza os braços, ela pode complementar isso com um sacudir da cabeça para dizer "não" ou até mesmo evitar fazer contato visual por todos os meios possíveis. Outros sinais podem ser os pés da pessoa apontando para longe da sua direção, pernas cruzadas e inclinando-se para trás. Estes são os sinais que você pode ver em uma pessoa que está cruzando os braços para manter as pessoas afastadas.

Ficar de pé com as mãos nos quadris

Se você quiser mostrar ao mundo que você tem o controle total de sua vida, ficar de pé com as mãos nos quadrisserá a pose correta. Pessoas que sabem como ler bem a linguagem corporallhe dirão exatamenteissosemerro de interpretação. Também pode ser uma amostra de agressividade. Essa posição é preferida pela maioria dos homensquando estão flertando com mulheres. Eles tendem a se inclinar um pouco e isso é interpretado como significando de que o homem está interessado em uma mulher e gostaria de ficar com ela por mais tempo. Isso não significa que as mulheres não façam a pose. Elas a fazem e significa a mesma coisa. A pose pode variar bastante, maso fator constante são as mãos nos quadris. Todo o resto pode mudar mas isto não. A pessoa pode escolher se inclinar para frenteenquanto a cabeça desliza para um lado. Tudo isso para mostrar atenção ao que está sendo dito e pode ser complementado por um simples sorriso e algum contato visual direto. Esta é uma pose de confiançae pessoas que a usamestão sempre prontas a ir aos extremospara alcançar seu objetivo. Se você for agressivo e quiser mostrar isso não verbalmente, apenas fique de pé e coloque suas mãos nos quadris. Todo mundo vai estar falando sobre você e sua personalidade. É mais eficaz do que andar por aí dizendo "sou agressivo". As ações sempre falam mais alto que palavras e essa linguagem corporal se encaixa no contexto.

Segurar as mãos atrás das costas

Apreensão, frustração e raiva são as principais mensagens que segurar e apertar as mãos atrás das costas enviarão para as outras pessoas. Dão a sensação de uma pessoa estar nua e que não gostaria de ser vista por outras pessoas. Algum desconforto pode se instalar, o que é o principal sinal de uma pessoa que está passando por alguns momentos de ansiedade. Você vai se sentir sentado, de pé, andando e correndo ao mesmo tempo.

Abrir os braços

Abrir as suas mãos é outro gesto que você pode tomar para ter a sensação de comando. Você estará tentando ter tanto espaço disponível para seu uso quanto possível. Este é um gesto que vai certamente aumentar a sua confiança, porque marca o seu território. Esta é uma comunicação não-verbal eficaz que não precisa de nenhuma palavra proferida para fazer as pessoas entenderem o que você está sentindo. Tanto homens quanto mulheres gostam de assumir essa postura quando têm alguma autoridade para comandar.

Outra interpretação para os braços abertos é preparação para um abraço. É mais comum ser visto em pessoas que estão prestes a se abraçar. Esta é uma ótima maneira de demonstrarafetoa pessoas amadas sem essencialmente dizer isto. As pessoas se abraçam como uma maneira de saudação, o que não tem nada a ver com afeição; porém,definitivamente enviará uma mensagem diferente se envolver o sexo oposto. Mesmo as crianças se abraçam, às vezes, quando brincam, o que não deve ser tomado como significado de suas ações. Abrir os braços amplamente é uma comunicação não-verbal que envia uma mensagem forte sobre os sentimentos de alguém.

Manter os braços próximos ao corpo

Há muitos momentos na vida em que você achará útil manter os braços próximos ao corpo. Algumas disciplinas esportivas como golfe e beisebol colocam mais ênfase no posicionamento dos braços para amortecer o corpo de lesões. Essa é uma interpretação para se ter sobre esta postura, que também desempenha um papel vital ao dirigir um carro. Além de esportes, manter os braços perto do corpo pode enviar uma mensagem séria sobre o seu eu interior. É uma maneira não-verbal de comunicar suas emoções que muitas pessoas descobrirão ser útil.

Essa postura significa que você está guardando muito em si mesmo e não gostaria de atrair a atenção de outras pessoas. As pessoas com essa postura geralmente se retiram do público para viver uma vida mais privada, ainda que temporariamente. Quando você tiver alguns assuntos pessoais para lidar e não quiser a interferência de outras pessoas, apenas atinja essa postura e a mensagem chegará a eles muito bem.

Bater ou mexer os dedos repetidamente
Você gosta de mexer ou bater os dedos repetidamente? Você pode ter feito isso em várias ocasiões, mas não estava informado sobre a mensagem que está enviando para outras pessoas. Aqueles que são experientes na leitura da linguagem corporal irão facilmente dizer que você está impaciente, entediado ou até mesmo frustrado. Essa é uma das maneiras pelas quais as pessoas podem liberar essa tensão de seus corpos.

Sinais da Linguagem Corporal - Rosto, Pescoço e Olhos

Se você estiver interagindo com uma pessoae perceber que ela está olhando para cima, não se preocupe. Este gesto é frequentemente associadocom estar pensando em algum evento particularou atividade, sendo mais comum àqueles que tem pensamentos visuais. No entanto, quando a respectiva pessoa estiver franzindo também, isto pode dizer queele ou elaestá, na verdade,julgando o interlocutor.

Oradores que falam ao públicogeralmente olham para cima quandoestão fazendo uma apresentação ou conduzindo uma palestra, sendo este um gesto comum nestas situações. Raramente isso significa que estão realmente tentando recordar sua apresentação/fala. Em geral, se alguém estiver olhando para cima e para a esquerda, isso significa que ele/ela está tentando se lembrar de um evento do passado. Por outro lado, se olharmos para cima e para a direita, isso significa que estamos tentando imaginar algo, talvez até uma mentira.

É possível que olhar para cima seja um gesto inconsciente, significando que a pessoa em questão está entediada. Ao olhar para cima, ela está realmente examinando o ambiente e tentando identificar possíveis pontos de interesse. O olhar para cima, combinado com a ligeira descida da cabeça é um gesto comum, realizado por pessoas que são atraídas umas pelas outras. Ao manter a cabeça baixa, você está se mostrando submisso, enquanto o contato visual direto é um sinal claro de que você está interessado na pessoa em questão.

Sobrancelhas
Sobrancelhas erguidas expressamsurpresa ou choque. Um movimento das sobrancelhas, enquanto estiver olhando para outro indivíduo, mostra que a pessoa está reconhecendo a outra ou cumprimentando-a.

Nariz
Tocar ou esfregar o narizé um dos gestos de auto toque mais comuns, o que é geralmente feito por pessoas que estão mentindo ou tentando esconder algo.

Lábios
Lamber ou morder os lábiosé um dos sinais típicos das mulheres quando estão flertando.

O gesto de beijar pode ser feitopara demonstrar afeto, e também como forma de saudação.

Movimentos dos Olhos

Se a pessoa estiver com as pupilas dilatadas, ele ou ela está interessado na conversa.

Olhar para direções diferentestambém tem significados diferentes. Quando alguém olha para cimae para a direita, significa que está imaginando algo visual. Enquanto isso, quando alguém olha para cima e para a esquerda, significa que está tentando lembrarde algo. Contudo, ainda há instânciasonde a ordem é inversa, dependendo da pessoa. Tente testar essa pessoaprimeiro, pedindopara lembrar de algo conhecidoe para imaginar um evento.

Por outro lado, olhar para baixosignifica que alguém está falando consigo mesmo, porém isto é mais evidentese também houver movimento dos lábios. É também um sinal em potencialde vergonha, culpa ou submissão. Quando as pessoas olham para baixo, tipicamente significa queeles estão acessandocomo eles se sentiram em relação a algo. Olhar para outra pessoa e para baixosignifica que ela está no controleda situaçãoou está conversando com alguém que está sob a sua superioridade.

Movimentos de olhos laterais podem indicarsinais de desonestidade, distração, ou pode ser que se esteja lembrando de informações auditivas.ao olhar de um lado para o outro e depois para a testa significa que você está olhando para alguém com superioridade. Ao descer até o nariz, você está conversando com alguém dentro do nível do seu status. E ao olhar de um olho para o outro e para os lábios, isso indica um sinal de atração ou romance.

Felicidade

Expressões faciais de felicidadessão uma das mais fáceisde reconhecer,sem dificuldades. Elas são universais e consistentemente transmitem mensagens positivas. Uma pessoa simpática sempre terá expressões de felicidade no rosto. Aproximar-se de tal indivíduo será muito fácil. Diz-se que as expressões faciais de felicidade são mais praticadas do que genéticas. Isso se deve ao fato de que as pessoas tendema usá-laspara esconderemoções negativas, que possam terem seu sistema. Os cientistas realmente provaram que algumas pessoas têm expressões amigáveis no rosto, mas não são felizes por dentro, o que é comumente conhecido como "fingir até conseguir".

Tristeza

Essas expressões vêm como um oposto direto da felicidade e serão vistas em pessoas que desaprovam qualquer coisa.Tais expressões faciais serão vistas em pessoas que estão de luto, passando por qualquer forma de perda, aqueles que sofrem com dor, bem como pessoas que geralmente se sentem desconfortáveis com a vida.Infelizmente, existem algumas culturas que proíbem as pessoas de mostrar publicamente sinais de tristeza em seus rostos, o que é retrógrado. Tais expressões vêm de emoções, assim ninguém pode controlá-las. O destaque de um rosto triste é o choro, mas há um grande debate sobre isso. Está claro que as lágrimas não dizem necessariamente se alguém é infeliz. Há lágrimas de alegria também, então você deve ser muito preciso em rotular as pessoas que estão tristes apenas olhando para as lágrimas.

Raiva

Se você estiver com raiva, as expressões faciaisdirão tudo sem sua boca dizer nada. Raiva é muito comum hoje em dia, pois é como as pessoas expiram seu aborrecimento causado pelo estresse da vida. Se você estiver frustrado no trabalho, na escola, e até mesmo em casa, o resultado final será raiva. Por mais que você tente esconder isso de outras pessoas, suas expressões faciais definitivamente o trairão.A raiva pode ser resultado de interações pessoais e interpessoais.Essas expressões faciais são mais visíveis nas interações pessoais, enquanto a interação interpessoal parece desabafar sua raiva de maneira mais violenta.Você achará fácil tentar acertar a pessoa responsável por sua raiva.É incontrolável, mas a raiva pessoal pode ser facilmente controlada.Se não for gerenciado na primeira oportunidade, a raiva pode resultar em conflitos. Acredita-se que as expressões de raiva em homens e mulheres são diferentes, mas nada tangível foi apresentado para apoiar o argumento.

Surpresa

Como você reage a uma surpresa? Cada pessoa tem um jeito único de reagir. As mulheres são mais conhecidas por preferir surpresas (especialmente de seus colegas do sexo masculino) e suas reações são loucas, para dizer o mínimo.Algumas gritam alto enquanto outras pulam de alegria - se for uma boa surpresa. Porém, surpresas podem ser boas ou ruins; portanto você deve se colocar em uma posição para diferenciá-las.Se há expressões faciais que dão trabalho às pessoas para detectar e registrar, são as de surpresa. Isto porque elas vêm inesperadamente sem que ninguém esteja preparado.Além disso, elas geralmente são de curta duração, então não há tempo para analisá-las ou fazer um balanço do que aconteceu.Uma vez que uma expressão facial ocorre em resposta a uma surpresa, existem outras expressões que se seguem imediatamente. Por exemplo, se for uma surpresa ruim, uma expressão de tristeza se seguirá. Caso a surpresa seja positiva, então espere algumas expressões de felicidade.

Repulsa

Você irá exibir expressões faciais de repulsa, uma vez que o corpo esteja sujeito a qualquer coisa que seja nauseante. Isso pode ser resultado de um mau cheiro vindo de algo que está apodrecendo, ou até mesmo algo ruim que você encontra em sua comida ou bebida. Estas são geralmente expressões para mostrar rejeição total de algo que não é bem-vindo em sua vida. Em muitos casos, as pessoas que demonstram repulsa em seus rostos têm controle mínimo sobre a situação, mas fazem isso para demonstrar sua insatisfação. Até seis músculos lineares estão envolvidos quando essas expressões faciais são exibidas. Sinais comuns a serem observados na detecção dessas expressões incluem, um lábio superior erguido, ponta do nariz enrugada e bochechas elevadas.

Medo

O medo prende as pessoas que não têm garantia de segurança pessoal e seus rostos estão entre as primeiras partes do corpo a mostrar isso. Os olhos tendem a se abrir mais do que o normal, enquanto as sobrancelhas são erguidas. A boca também pode se abrir levemente, com cinco músculos lineares e um esfíncter envolvido. Quando essas expressões são visíveis no rosto de uma pessoa, elas falam de um perigo ou ameaça iminente. Existem muitos fatores que causam medo nas pessoas, os quais você precisa estudar bem e compreendê-los antes de tomar uma decisão. Algumas respostas do corpo são responsáveis por causar ansiedade, o que se traduz em um humor abafado. Se esse medo é prolongado, pode acabar causando algumas complicações de saúde, portanto, deve ser abordado o mais cedo possível.

Confusão

A testa e o nariz serão os principais determinantes das expressões faciais que demonstram confusão, pois é aí que a maior parte da ação é enfatizada. Se estiver confundido, você experimentará as duas partes sendo enrugadas ou até mesmo uma sobrancelha sendo erguida. Também pode haver a possibilidade de ter seus lábios juntos franzidos. Confusão sintetiza um caso de total mal-entendido e essas expressões faciais sairão do esforço para obter tal entendimento. Toda pessoa tem o desejo de entender as situações e evitar confusão, mas isso acontecerá em níveis variados.

Excitação

Existem diferentes expressões faciais que podem ser usadas para descrever o estado de excitação em uma pessoa. De um modo geral, isso é mais positivo e mostra que algo de bom aconteceu. Estas expressões são acompanhadas por um sorriso com a boca aberta para mostrar consternação. Quando excitado, os olhos estarão bem abertos, com as sobrancelhas erguidas mais alto para pontuar os níveis de energia. Uma pessoa sempre parecerá alegre e animada quando a excitação penetrar, e o corpo geralmente se tornará impulsivo a qualquer atividade.

Desejo

Esta é a necessidade de conseguir algo na vida e expressões faciais podem ilustrar isso muito bem. As expressões variam de uma situação para outra, pois há muitos desejos que temos na vida. O desejo funciona bem com foco para que você tenha os olhos focados naquilo que deseja alcançar. Seus olhos piscarãoo mínimo para evitar ser interrompido enquanto a língua pode estar se movendo de um lado da boca para outro. Durante tais situações, você terá mais energia do seu cérebro dedicada a alcançar o que deseja.

Desprezo

Estas são expressões faciais que mostram total desaprovação de algo. É uma maneira de dizer um grande "não" ao que alguém está tentando colocar em você. Quando você tem uma expressão no rosto mostrando desprezo, ela terá três características principais. Um, o seu queixo estará elevado, tornando muito fácil olhar para o agressor. Uma careta é outra expressão que mostrará um claro desdém e é pontuada por um sorriso. A outra característica das expressões faciais por desprezo é um canto do lábio apertado que parece erguido em um dos lados do seu rosto. Alguns desses sinais são muito claros e você não precisará de nenhuma maneira complexa para lê-los.

Independentemente do tipo de emoções que estão passando dentro do seu eu interior, existem muitos tipos de expressões faciais que você usará para exibi-las externamente. Está em você saber a melhor maneira de interpretar isso corretamente.

Qual o significado de olhar para baixo?

Desde o início, está claro que olhar para baixo é um gesto de submissão. É como se você quisesse provar para a outra pessoa que você não é uma ameaça, tentando estabelecer uma relação clara. Às vezes, isso pode significar que a pessoa em questão está se sentindo culpada. De maneira contraditória, há algumas pessoas que usam esse gesto para dominar os outros e demonstrar seu poder.

Olhar para baixo e para a esquerda está associado a pessoas que estão acostumadas a falar sozinhas. Se você prestar muita atenção, descobrirá facilmente que seus lábios estão se movendo apenas ligeiramente. Por outro lado, olhar para baixo e para a direita está associado à expressão de pensamentos e/ou emoções pessoais.

Olhar para baixo,como um gesto, pode ser interpretado de forma diferente, dependendo da cultura a qual alguém pertence. Como exemplo, em muitas culturas asiáticas é considerado falta de educação manter contato visual direto. Olhando para baixo, você estará mostrando respeito pela pessoa em pé/sentada à sua frente.

E quanto a olhar de lado?

Olhar de lado é um dos gestos mais óbvios que uma pessoa fará ao ficar entediada. Basicamente, a pessoa em questão está procurando por novos pontos de interesse, olhando para os lados. Às vezes, podemos olhar para a esquerda ou para a direita, para determinar de onde vem uma certa distração. Este é realmente um instinto ancestral; o cérebro tenta determinar se uma ameaça potencial está próxima ou se algo de interessante está prestes a acontecer.

Em certas situações, olhar para os lados pode significar que a pessoa realizando este gesto está irritada. A direção em que estamos olhando também é importante; estudos confirmaram que olhar para a esquerda está associado ao desejo de recordar um certo som, enquanto olhar para a direita ocorre sempre que estamos tentando imaginar o som respectivo.

O movimento lateral do olho podecontar muito sobre você mesmo

O movimento lateral do olho envolve o movimento dos olhos de um lado para outro, sendo diferente do gesto de olhar para os lados. Este gesto é frequentemente visto em mentirosos patológicos, especialmente quando eles estão tentando sair de uma determinada situação. Pessoas que discutem segredos ou assuntos confidenciais podem apresentar esse gesto também, estando atentos e preocupados que alguém possa ouvir sobre seus planos.

Encarar e olhar de relance

Encarar é um gesto comum e que realizamos regularmente. Quando uma pessoa encara a outra por um período prolongado de tempo, pode significar que ela está apaixonada. A concentração no corpo inteiro da pessoa está associada a sentimentos de luxúria, enquanto o olhar especial nas áreas íntimas da pessoa é um sinal claro de que o interesse sexual está presente.

É comum que pessoas de autoridade usem o olhar fixo para convencer os outros a tomar uma certa decisão. Em geral, esse gesto é mantido curto, mas em um alto nível de intensidade. De outro ponto de vista, contemplar é um gesto que é inconscientemente evitado pelos mentirosos; isso porque, quanto mais tempo eles mantêm o contato, mais se sentem culpados. O olhar de relance, por outro lado, é curto por definição e, dependendo da situação, pode sugerir uma ampla gama de coisas: desejo, preocupação, interesse em algo proibido, atração e até desaprovação.

Contato visual é uma forma de comunicação?

Pelo que foi dito até agora, você provavelmente sabe a resposta para essa pergunta. Mais uma vez, dependendo da situação e das pessoas envolvidas nesse tipo particular de comunicação, o contato visual pode sugerir interesse em alguém/algo, amor e até o desejo de dominar.

Na maioria das situações, não estamos particularmente conscientes do momento exato em que estamos fazendo contato visual. Tudo o que precisamos é nos interessar pelo que uma determinada pessoa tem a dizer, então o contato visual seguirá naturalmente. Contudo, uma das coisas mais difíceis na vida é manter o contato visual por um período prolongado de tempo (a maioria das pessoas prefere a versão mais curta, pois é mais confortável e fácil de se desvencilhar).

Quanto mais tempo o contato visual for mantido, mais ameaçados nos sentiremos. Como uma forma instintiva de proteção, a maioria das pessoas inicia o contato visual fazendo pequenas pausas de tempos em tempos. Todavia, você deve sempre prestar atenção ao significado que esse gesto tem, pois você pode acabar insultando a pessoa que está na sua frente. Somente na situação em que há interesse romântico entre duas pessoas, o contato visual é considerado um gesto aceitável. De uma perspectiva completamente diferente, vale a pena mencionar que as pessoas que são inseguras geralmente evitam o contato visual. Além disso, aqueles que não querem ser persuadidos por outros, recorrem a comportamentos semelhantes.

Diferenças Culturais na Linguagem Corporal

A história nos diz que as pessoas começaram a apertar as mãos para transmitir intenções pacíficas aos outros (e também ao fato de não terem nenhuma armaescondida). Hoje, o aperto de mão tornou-se um ritual de saudação comum, ajudando a demonstrar o nível atual de confiança. Um aperto de mão fornece muitas informações sobre a pessoa em questão, especialmente quando se trata do quanto ela está disposta a permitir alguém mais em seu espaço pessoal.

Os apertos de mão podem ser muito fracos ou fortes demais, cada situação transmitindo uma mensagem diferente sobre a pessoa que está sacudindo as mãos. Se o aperto de mão for muito fraco, isso significa que a pessoa em questão não está suficientemente confiante, ansiosa ou nervosa em relação à interação atual. Um aperto de mão que é muito forte pode significar um desejo de dominar, ou excesso de confiança.

As diferenças culturais também influenciam no significado dos apertos de mão. Por exemplo, nos países europeus é costume homens e mulheres apertarem as mãos, seja como uma saudação ou como uma forma de acordo para uma determinada decisão. Nos países muçulmanos, tal interação é proibida e severamente desaprovada. Mais uma vez, voltamos à ideia de sensibilidade cultural. Devemos sempre prestar atenção à cultura e decidir, em um instante, se um certo gesto é culturalmente aceitável ou não.

Em países como a Índia, não parece haver muita exigência para manter uma distância pessoal. É muito comum ficar a uma distância próxima quando estiver se comunicando com alguém; se você estiver com um estranho ou não. A China é outro país no mundo onde as pessoas não estão muito preocupadas com a distância pessoal enquanto interagem. A distância pessoal que eles mantêm é menos importante do que realizar o objetivo da conversa e da interação.

O precedente de manter uma distância pessoal segura também é muito comum e difundido no mundo ocidental. Você sabia que o espaço pessoal também envolve algum toque? Sim, esse é o caso e é levado muito a sério nas culturas sul-americanas e mediterrâneas. Nessas culturas, a crença geral é que uma conversa pode ser aprimorada se uma pessoa na conversa tocar a outra. Sua conexão também será mais forte. Aqueles que não tocam em seus amigos enquanto conversam são considerados como sendo de sangue frio. No mundo oriental, tocar uma pessoa enquanto você fala é, em grande parte, um tabu e fazer isso é considerado uma ofensa. Ações como dar tapinhas nas costas de alguém ou mesmo em seus braços são inaceitáveis.

Antes de viajar para esses países é aconselhável que você reserve um tempo para aprender mais sobre a linguagem corporal nessa cultura, e o que é considerado apropriado, especialmente para a distância pessoal. A linguagem corporal inadequada pode levaros outros a percebê-lo como uma pessoa mal-educada, uma vez que se faça algo com alguém daquela cultura ou formação. Se for mais apropriado ficar mais perto ou mais longe, certifique-se de educar-se sobre qual distância é a mais adequada para a cultura das pessoas com as quais você estará se comunicando. A distância pessoal é um dos aspectos mais importantes da linguagem corporal e tem muitas implicações na comunicação não-verbal. Outra parte importante da linguagem corporal e comunicação com pessoas de diferentes culturas é o seu aperto de mão.

Linguagem Corporal em Diferentes Situações Sociais

Como usar seu corpo e impressionar os outros com sua confiança
Se você quiser impressionar os outros com sua confiança, você pode usar sua linguagem corporal e transmitir essas informações de maneira eficiente. Comece com sua postura e fique em pé,

certificando-se de que seus ombros estão retos. Eduque-se para manter contato visual, sorrindo o máximo que puder (quando apropriado). Gesticule com as mãos e os braços para enfatizar pontos em sua fala. Preste atenção ao tom da sua voz, mantendo-a entre moderada e baixa.

Como saber quando se está sendo defensivo

Se você estiver numa situação em que sente que seu oponente é mais forte que você ou excessivamente agressivo, você pode começar a agir defensivamente (consciente ou não). Seu corpo dará sinais claros de que você está sendo defensivo e é melhor aprender como reconhecê-los. Por exemplo, se você se abstiver de gestos de mão/braço, mantendo-os perto do corpo, você está claramente sendo defensivo. Indivíduos defensivos terão poucas ou nenhuma expressão facial. Eles afastarão o corpo do interlocutor ou preferirão cruzar os braços, como um gesto de recusar contato adicional. Muito pouco ou nenhum contato visual será feito.

É possível tornar-se defensivo ao negociar um acordo comercial difícil. Cuidado com os sinais acima mencionados, para se ter certeza de não estar sendo muito defensivo. Você pode aprender como ser mais aberto, usando sua linguagem corporal para transmitir sua abertura e receptividade para os procedimentos de negociação.

Linguagem corporal e falta de interesse

Se você já falou para uma plateia, provavelmente está ciente de que é extremamente difícil manter as pessoas envolvidas por um certo período de tempo. Por outro lado, se você já fez parte do público, provavelmente já demonstrou essa falta de interesse.

Quando você não estiver envolvido em uma conversa, discussão, reunião,etc., seu corpo mostrará isso. A cabeça será mantida para baixo, com os olhos tentando se concentrar em outras coisas. Você pode gastar seu tempo escolhendo fiapos imaginários em suas roupas, brincando com sua caneta ou rabiscando. A postura também é um bom indicador de que você não está interessado nas coisas que estão sendo discutidas, especialmente se você estiver afundado na cadeira.

Sua linguagem corporal pode dizer se você está sendo verdadeiro ou mentindo

Uma pessoa sábia disse uma vez que, se você quer encontrar a verdade, você tem que analisar a linguagem corporal do falante e depois as palavras que saem de sua boca. Pessoas que estão mentindo mantêm pouco ou nenhum contato visual, sendo agitadas e estão constantemente tocando seu rosto. Elas também podem apresentar movimentos rápidos dos olhos, pois evitam o foco em um indivíduo em particular.

É comum que os indivíduos que mentem cubram a boca com as mãos ou dedos. Eles têm uma taxa de respiração elevada, com o rosto e pescoço de cor vermelha. A transpiração pode ser apresentada em volume elevado, enquanto alguém pode gaguejar ou sentir a necessidade constante de limpar a garganta.

O corpo fala antes das palavras

Digamos que você esteja em uma entrevista para um novo emprego. O entrevistador faz uma pergunta difícil e você não tem certeza sobre a sua resposta. Antes de falar, seu corpo já forneceu muitas informações sobre sua incerteza. Por exemplo, você evitará contato visual direto enquanto estiver pensando na resposta. Você pode usar os dedos para acariciar seu queixo, tocar sua bochecha com as mãos e inclinar a cabeça, enquanto seus olhos estarão olhando para o teto.

Como usar seu corpo para ser mais aberto e receptivo

Para mostrar sua abertura, tente uma postura relaxada, com os ombros mantidos em posição reta. Isso mostrará que você está confiante e confortável ao mesmo tempo. De vez em quando, interrompa seu discurso com uma pausa, pois isso atrairá o interesse do interlocutor. Se você também se inclinar, o sucesso da interação é garantido. No entanto, você precisa ter certeza de que não está no espaço íntimo da outra pessoa, pois pode ser visto como agressivo.

Tente manter uma ampla base de apoio, pois isso é um sinal de confiança e abertura. Abstenha-se de se afastar do interlocutor, pois você definitivamente será interpretado como hostil. Evite cruzar os braços e, em vez disso, mantenha-os no seu colo ou na lateral do corpo (sinais de abertura). Se o aperto de mão for necessário, escolha o tipo firme, evitando o "triturador". Sempre mantenha contato visual, mas atente para a intensidade (sem encarar).

Ao falar para um grande público é muito importante permanecer aberto. Por exemplo, você precisa remover qualquer barreira física para garantir um senso de conexão entre você e o público. Não importa o quão desconfortável ou incerto você possa se sentir, evite cruzar os braços, pois isso estabelecerá uma barreira clara.

Por aquilo que foi dito até agora, você provavelmente entendeu que as diferenças culturais têm uma clara influência na linguagem corporal de uma pessoa. Isso é ainda mais válido quando se trata da distância social que se considera aceitável. Em primeiro lugar, existe a distância íntima, que é de apenas 45 cm. Somente conhecidos íntimos e amigos são geralmente aceitos a uma distância tão pequena. A distância pessoal, entre 45cm e 1,2 m, usada para conhecer novas pessoas. A partir dessa distância, você pode apertar as mãos e realizar uma análise rápida da outra pessoa.

A distância social, entre 1,2 e 3,6 m, é a comumente usada entre indivíduos para interações menos pessoais. A distância social é considerada aceitável para transações comerciais e negociações. Em tais situações, recomenda-se que a pessoa fale em voz alta e tente manter contato visual em todos os momentos. Por último, mas não menos importante, você tem a distância pública, entre 3,7 e 4,5 m, que é usada por professores e outros oradores públicos. A essa distância, obteremos mais informações dos gestos feitos com as mãos e braços, bem como dos movimentos da cabeça. As expressões faciais do palestrante não são tão importantes, pois não são tão bem percebidas pelo público.

Conclusão

Nós usamos nossa linguagem corporal inconscientemente. Ela transmite muita informação sobre a maneira como nos sentimos e pensamos. Como você viu neste livro, a linguagem corporal é responsável por quase toda a comunicação que ocorre entre os seres humanos. Implica em expressões faciais dos mais variados tipos, gestos que são comuns e raros, além de uma ampla variedade de posturas altamente sugestivas.

De tudo o que foi escrito, você provavelmente entendeu que nossas emoções e pensamentos são expressos vividamente através de sinais não-verbais. Às vezes, deixamos de perceber esses sinais, devido às nossas diferenças culturais. Em tais situações, torna-se essencial tomar consciência da sensibilidade cultural e tentar nos colocar no lugar da outra pessoa.

Usamos gestos para dizer aos outros que gostamos deles e os acolhemos em nosso espaço pessoal. Ao mesmo tempo, temos uma grande variedade de outros gestos, reservados para aqueles que não gostam e claramente não querem invadir nosso espaço pessoal. O aperto de mão é mais do que um gesto usado para saudação, tendo uma infinidade de significados, como você deve ter notado. Sorrisos e risadas podem garantir uma interação bem-sucedida, sugerindo à outra pessoa que estamos bem e confortáveis com o referido encontro.

Lembre-se sempre de que seu corpo tem voz própria e que você pode educar essa voz para transmitir as informações corretas. Não tenha medo de aprender sobre comunicação enganosa e como identificar os sinais não-verbais que outras pessoas usam quando estão mentindo. Respeite o espaço íntimo da outra pessoa e mantenha contato visual sempre que estiver interessado em alguém.

Parte 2

Introdução

Comunicação é uma parte essencial do nosso dia-a-dia. Você precisa falar com um vendedor para comprar alguma coisa que você queira. Você precisa se apresentar na frente da turma para cumprir com suas tarefas e conseguir notas melhores. A comunicação é o que faz a vida ser mais facilmente compreendida e o ajuda a expressar o que você tem em mente.

Há dois tipos diferentes de comunicação, a comunicação verbal e a comunicação não verbal. A comunicação verbal é o tipo de comunicação em que indivíduos usam a fala como meio de compartilhar informações.A comunicação não verbal, por outro lado, é um tipo de comunicação em que dicas não verbais são utilizadas para transmitir informações que, frequentemente, podem ser confusas.

A linguagem corporal é um tipo de comunicação não verbal em que gestos corporais são utilizados para se transmitir informação a outras pessoas. Às vezes um simples aperto de mão pode significar para alguém calorosas boas-vindas. Um simples acenar com a cabeça pode indicar consentimento com uma afirmação. Esses são apenas alguns exemplos de uma linguagem corporal simples com a qual nós nos encontramos diariamente.

Certas linguagens corporais podem ser bem difíceis de se entender, pois podem enviar vários sinais quando são feitas. Tenha em mente que as pessoas não têm noção de que podem estar sinalizando mensagens ofensivas para outras pessoas devido aos seus inconscientes. Este livro o ajudará a entender um significado mais profundo da linguagem corporal e como usá-la em sua vantagem.

"Ações Falam mais Alto do que Palavras"

Essa é uma expressão idiomática para quando uma pessoa diz algo, mas age de outra maneira. E é bem verdade que, na maioria das vezes, dizemos coisas, masnossos corpos discordam das nossas bocas.

Essa é a razão pela qual algumas pessoas têm dificuldades em entender as outras, especialmente se uma não é tão expressiva quanto a outra. Você mesmo precisa descobrir onde você se encaixa nisso, o que, muitas vezes, pode ser uma tarefa muito confusa e frustrante. Hoje em dia, com a ascensão de *gadgets*como celulares e computadores, ficou muito mais fácil se comunicar com outras pessoas.Porém, está muito mais difícil de se entender a comunicação corporal devido ao aspecto impessoal das redes sociais.

Você deve estar se perguntando, como você conseguiria entender uma pessoa se ela apenas fosse embora sem dizer uma palavra?Como você descobriria se ela estava irritada ou feliz se ela não falou nada?Nem todas as pessoas conseguem falar sobre suas emoções, principalmente homens, porque eles vêm isso como uma fraqueza. Isso é o que você descobrirá ao continuar lendo este livro.

Nossa Mente Fala

Quando dizemos que nossa mente fala, não estamos nos referindo à telepatia, em que você pode ler a mente dos outros, mas sim à simples realidade de que é a nossa mente que trabalha para construir ideias e conceitos que ela comunica através de diferentes meios, como a fala, a escrita e gestos corporais.

É muito mais fácil de entender uma pessoa quando ela expressa verbalmente o que ela quer dizer, o desafio de verdade aparece quando uma pessoa não tem a coragem para dizer o que ela tem que dizer e, ao invés disso, usa gestos com as mãos para lhe dizer para parar com o que você está fazendo.

Há uma verdade que sempre nos força a considerar os sentimentos das pessoas antes que falemos algo para elas. As pessoas escutam aqueles que conhecem seus sentimentos, que as entendem e alcançam uma parte íntima delas que as permite abrirem suas mentes e entenderem cada palavra dita a elas.

Nossa mente sempre faz esse processo de filtrar cada ideia que aparece nela. Ela sempre buscaa verdade, mas sempre considera o impacto para o outro que a ouvirá. Essa é a razão pela qual nós não podemos dizer tudo o queremos dizer, mesmo que seja verdade, porque, muitas vezes, a verdade machuca.

Nossa mente deve se expressar de um modo mais sutil e que não deixe os outros tristes. Ao invés disso, ela usa o nosso corpo para transmitir a mensagem para alguém de quais são as informações de que a pessoa precisa saber. Diferentemente da maneira normal de se interpretar informações, que é escutando, nossa mente interpreta mensagens corporais através de informações relacionadas, isto é, quando ideias próximas são associadas ao que a pessoa é exposta.

Comunicação não verbal

A comunicação não verbal é frequentemente associada com gestos que carregam um significado simples, que qualquer um conseguiria entender. Um simples sorriso significa uma expressão de alegria. Fazer beicinho significa aborrecimento ou dessatisfação. Esses gestos simples são mensagens muito simples de serem entendidas, porém há ideias comunicadas pela nossa mente expressadas por gestos mais complexos, gestos mais difíceis de se entender.

Esse princípio também se aplica para o caso de pessoas que querem transmitir mensagens através de ideias difíceis de expressar. Eles usam a linguagem corporal para mostrar que a mensagem que eles querem transmitir é algo que requer uma compreensão extra.

As emoções, por outro lado, são conhecidas por serem expressas em movimentos corporais sutis, dependendo da intensidade da emoção a se expressar. Expressões faciais são manifestações comuns de emoções. Essas expressões descem o corpo conforme as emoções se intensificam. Por exemplo, observe alguém que não aguenta mais de tanta raiva; primeiramente, essa pessoa expressa isso em seu rosto, depois, conforme a raiva se intensifica, os braços da pessoa ficam mais firmes e, por fim, a pessoa cerra os punhos.

A comunicação não verbal é essencial em nossas interações diárias. Ela nos dá atalhos para nos expressarmos de uma maneira que exija poucas palavras e pouca explicação para outras pessoas. Conforme avançarmos neste livro, você descobrirá o significado mais profundo de porque nós fazemos as coisas que fazemos e porque certas coisas são feitas de uma maneira que nós não entendemos.

Capítulo 1: O Poder da Atenção

A atenção é algo sobre o que todo mundo precisa entender. Apesar disso, há muitos fatores que podem afetar a atenção de uma pessoa. Geralmente, a atenção é conectada com a curiosidade e os interesses.

Uma pessoa demonstra interesse por outro quando dá sua atenção a ele. Leva tempo e foco para se dar atenção suficiente a uma pessoa. Dar atenção à alguém requer concentração o suficiente para produzir compreensão, logo a falta de concentração implica em falta de interesse, o que resulta na perda da atenção. Os fatores essenciais que mostram o nível de atenção são os seguintes: postura, contato visual e gestos com mãos e braços.

Aqui vão alguns dos exemplos concretos e suas interpretações para determinar o nível de atenção de uma pessoa.

Na ilustração abaixo, você vê pessoas que não estão prestando atenção. Pessoas que não estão interessadas não se importam com suas posturas, ficando, em sua maioria, em posições ruins ou relaxadas. Além disso, a falta de contato visual e bocejos são claros indicativos de tédio ou sono.

Na ilustração, você pode claramente ver quem está prestando atenção e quem não está. Novamente, a postura mostra tudo; o inclinar da cabeça significa falta de interesse e demonstra tédio.

Ouvir é uma parte essencial de prestar atenção. Pessoas que claramente demonstram falta de interesse não expressam nenhuma disposição sobre ouvir a outra.Nesse cenário, a pessoa pode demonstrar interesse pela pessoa com quem ela está falandoinclinando sua cabeça em direção a ela e olhando com atenção para a pessoa à sua frente. A cabeça inclinada na direção da pessoa que está falando é o principal sinal de concentração e atenção.

Essas são algumas maneiras de como melhorar sua habilidade em prestar atenção e também de como conseguir a atenção dos outros. A melhor maneira de conseguir a atenção de alguém é chamando a pessoa pelo nome. Nomes são instrumentos poderosos para conseguir a atenção de alguém. Se ainda por cima você usar gestos com as mãos e os braços, isso irá sinalizar fortemente para a pessoa que você precisa da atenção dela no dado momento.

Atenção também é necessária para se conseguir o que quer. Pessoas que sabem como capturar a atenção dos outros são mais suscetíveis a conseguir o que elas querem dos outros. Nesse capítulo, você aprendeu como saber se alguém está interessado no que você está dizendo ou não. Além disso, também vimos que se manter interessado é a chave para conseguir a atenção dos outros por quanto tempo você quiser.

Capítulo 2: Postura

Postura é a maneira com a qual você sustenta seu corpo seja de pé ou sentado. A postura pode dizer muito sobre você. O modo como você projeta o seu corpo influencia muito na maneira como as pessoas lhe tratarão. No Reino Animal, uma postura curvada significa submissão, enquanto uma postura ereta significa agressividade. Animais têm esse mecanismo de defesa em que eles mostram as costas a seus predadores para demonstrar desdém a eles. O mesmo acontece com os humanos, nós somos programados com um instinto sobre nossas posturas.

Quando nós somos jovens, nós frequentemente estamos em uma posição inferior a dos nossos pais, logo, uma postura ruim é comum entre crianças. Como uma forma de submissão, crianças com uma autoimagem negativa frequentemente tem uma postura muito ruim, curvada, o que representa a submissão e suas inseguranças.

O desenvolvimento da personalidade está de mãos dadas com a postura. Adolescentes frequentemente apresentam uma postura relaxada que transmite rebeldia ou superioridade. Eles adoram se inclinar para trás como um sinal de falta de interesse em relação a autoridades, principalmente, a seus pais. Atenção e postura também andam de mãos dadas, já que o corpo reage ao objeto de interesse.Uma pessoa que está interessada no que o professor está dizendo, pode ser vista se inclinando para frente, enquanto, se ela não estiver interessada, irá se inclinar para trás.

Em festas podemos facilmente ver a personalidade das pessoas através de suas posturas. Uma pessoa que está sempre sentada, apesar de os outros convidados estarem de pé, expressa tédio. Quando você aborda alguém e essa pessoa se inclina para trás, isso significa que essa pessoa não gosta que você esteja lá. Se ela se inclinar para frente, significa que ela está interessada.

Quando os seus superiores anunciam alguma coisa que desaponta os outros, essas pessoas frequentemente se inclinam para frente como sinal de desapontamento. Ficar em pé é um sinal de dominância. Um homem estufando seu peito expressa superioridade e dominância. Grandes oradores, como Júlio César, são conhecidos, é claro, por suas habilidades em discursar, porém também por suas posturas ao discursar. Nós somos programados a ficarmos em pé, em posição ereta, quando nós nos sentimos confiantes, e com as mãos no estômago, em posição fetal quando nos sentimos ameaçados. Ficar em pé atrás das pessoas é um sinal de complexo de inferioridade, enquanto ficar em pé na frente significa o oposto. Se inclinar para os lados expressa estresse e exaustão. Se escorar na parede de repente significa que a pessoa sente uma aflição muito grande. Se inclinar forçosamente para frente significa urgência para resolver um assunto. Se sentar de repente significa choque e se levantar de repente significa agressividade.

Posturas são a chave para controlar a sua imagem e passar a ideia para todos de que você é confiante, sabe o que quer e pode fazer qualquer coisa porque você confia em suas habilidades, o exato oposto de pessoas inseguras. Deixe que sua postura diga o que você quer que os outros escutem.

Capítulo 3: Expressões faciais

A sua face é a primeira coisa que a outra pessoa vê quando você se comunica com ela. Pessoas investem em "melhorar" seus rostos para ganhar mais autoconfiança. Na maioria das vezes, confiança é forjada através de uma expressão facial genuinamente verdadeira.

Todos os dias nós encontramos diferentes tipos de pessoas que fazem diferentes caras o tempo todo. Alguns sorriem. Outras parecem zangadas, o que afasta as pessoas. Outras simplesmente fazem cara de confiante para impressionar seus superiores e ganhar reconhecimento e a confiança deles. Não importa que cara você faça, ela claramente mostrará o que se passa na sua mente.

A sua Cara Diz Tudo

Quanto mais sincera for a expressão facial de uma pessoa, mais sua mente lhe dirá que essa pessoa é sincera com suas palavras. Nossas mentes sempre buscam a verdade, e a face sempre entrega se alguém a está dizendo ou não.

Há uma regra geral de que sua face não consegue esconder as coisas, ela se expressa de uma maneira em que fica fácil reconhecer as emoções estão envolvidas. Há uma grande variedade de emoções, logo há uma grande variedade de expressões faciais também.

Os famosos emojis são a caracterização de diferentes expressões faciais. São a representação de alguns dos padrões que a face reproduz quando se expressa. Há expressões faciais facilmente reconhecíveis, mas que tem traços difíceis de notar.

A seguir, estão algumas Expressões Faciais Básicas que você pode encontrar:

Alegria

Essa imagem mostra a expressão facial básica da alegria. Um sorriso, pés-de-galinha ao lado dos olhos e bochechas estufadas, movimentando os músculos ao redor dos olhos.

Alegria é uma expressão de felicidade e outras emoções positivas. A maioria das pessoas que fazem um sorriso falso não mostram movimentos ao redor dos olhos.

Raiva

Em uma expressão de raiva, geralmente, as sobrancelhas se aproximam, os olhos parecem maiores e até mais brilhantes, e ou a boca se abre muito ou os lábios se retraem.

A raiva é, geralmente, fácil de ser detectada, pois ela usa a maioria dos músculos da face para ser expressada, além de vir acompanhada do uso de uma voz mais alta.

Tristeza

Na tristeza, as características são sobrancelhas caídas, perda de foco nos olhos e cantos dos lábios levemente caídos. Chorar é uma expressão muito comum de tristeza.

Surprise

A surpresa, geralmente, é caracterizada por expressões rápidas, que podem ser olhos arregalados, sobrancelhas levantadas e boca aberta. Essa emoção é comum para eventos repentinos, inesperados, para os quais uma pessoa não está preparada.

Desprezo

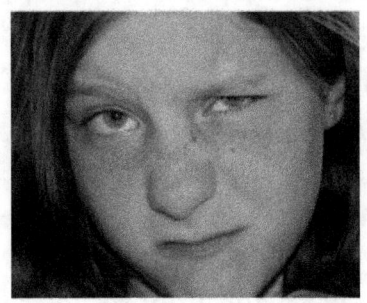

Desprezo é a expressão de não gostar de alguém. Ele é demonstrado quando uma pessoa levanta apenas uma das sobrancelhas e o canto de apenas um dos lados dos lábios.

Pessoas que expressam esse tipo de expressão facial geralmente acham que outras pessoas têm o que merecem

Medo

O medo é uma expressão de perigo imediato. Ele geralmente faz com que a pessoa levante e aproxime as sobrancelhas, arregale os olhos, e estique os lábios em direção às orelhas.

Pessoas que expressam medo geralmente pensam que elas estão em perigo imediato e precisam fugir de uma dada situação, o que acontece como uma resposta automática.

Aversão

A aversão é um sentimento de profunda repulsa por outra pessoa, coisa ou ocasião. Normalmente, ela é expressada por um nariz franzido e o lábio superior levantado. Pessoas que estão com nojo frequentemente mostram isso em seus rostos, fazendo expressões de desgosto e repugnância.

Seu rosto entrega todas as emoções que você sente em determinado momento. Um rosto tenso, cansado, mostra ansiedade e preocupações. Quanto mais relaxado está seu rosto, mais agradável é a emoção que você está sentindo. Emoções fortes ficam claras, pois a pessoa apresenta uma vermelhidão, os músculos ao redor da bochecha tensionados e os lábios enrijecidos.

Os Olhos são as Janelas da Alma

Esse velho ditado fala a verdade sobre nossos olhos. É verdade que seus olhos não conseguem mentir e que mostram as emoções mais verdadeiras que você está sentindo, mesmo que seu rosto diga outra coisa. Seus olhos são capazes de se conectar às mensagens que sua mente quer transmitir.

A razão por trás disso é que os olhos são a única ferramenta que permitem dizer se algo é real ou não. Objetos imaginários, como unicórnios, são imagens conceituais e não imagens perceptivas. Isso significa que esses objetos podem ser verdadeiros em nossas mentes, mas não no mundo real, porque eles não são percebidos pelos nossos olhos.

Os olhos revelam as perturbações interiores de uma pessoa, já que mostram as emoções mais verdadeiras na maioria do tempo. Pessoas que têm algo a esconder não conseguem olhar nos olhos da outra, porque isso claramente mostrará a verdade oculta. Essas pessoas geralmente olham para baixo para evitar contato visual. Quando ela olha para cima, é porque está buscando uma lembrança.

A regra geral é que quanto mais a emoção se intensifica, mais penetrantes ficam os olhos. Os olhos tendem a se focar no objeto dessas emoções, criando um efeito de túnel. Observe uma pessoa que está com muita raiva; ela olhará para o objeto desse ódio cada vez mais perto e cada vez mais incisivamente, para expressar sua raiva sobre o objeto em questão.

As sobrancelhas têm um papel importante em transmitir ideias. Uma sobrancelha levantada indica que há algo em desacordo com uma pessoa ou situação em particular. As duas sobrancelhas levantadas indicam uma mensagem importante que precisa de atenção imediata. Uma sobrancelha abaixada indica suspeita e desconfiança sobre algo que a outra pessoa disse.

Os olhos expressam principalmente atenção. Focar sua visão em um objeto em particular, significa interesse. Quando você olha para alguém e a pessoa não olha de volta, isso significa que ela não quis dar atenção a você e que há uma falta de interesse.

Os Lábios não Mentem

Os movimentos da boca também são um fator chave do comportamento humano. Pessoas que têm o hábito de mascar chiclete são mais propensas a apresentar problemas de fixação oral, como transtornos alimentares, abuso de substâncias e mentir patologicamente.

Mentir é uma arte difícil de se dominar a fundo. Como nós podemos saber se uma pessoa é sincera com o que está dizendo? Verdades sempre são fáceis de serem ditas. Espontaneidade é o sinal de que a pessoa está dizendo a verdade; a sinceridade nas palavras de alguém sempre tem impacto na veracidade delas. Enquanto isso, informações falsas sempre demoram para serem processadas, pois precisam de tempo para esconder a verdade.

Uma pessoa que está mentindo não consegue olhar nos olhos da outra pessoa, porque a mente dela fica constantemente tentando achar ideias para esconder a verdade. Os olhos são receptivos a ideias.

Pensar está fortemente associado com movimentos corporais como levantar os olhos para procurar ideias. Mentir requer pensamentos elaborados, logo também requer movimentos corporais.

Chupar o dedo é um dos sinais de mentira, é uma resposta inconsciente à incerteza, que leva a pessoa a trazer à tona hábitos infantis de fixação oral. Isso traz um sentimento de segurança para a pessoa. Logo, uma pessoa que está mentindo às vezes tenta chupar o dedo.

Sorriso

Dizem que usamos poucos músculos para sorrir. Isso só significa que é muito mais fácil expressar emoções boas do que ódio e raiva. Nosso corpo tende a ficar mais relaxado quando estamos experienciando emoções boas, mas fica mais tenso quando experienciamos emoções fortes como a raiva.

Pessoas que frequentemente sentem dor e agonia tendem a ter músculos mais tensos, mostrando caras mais tristes e olhos abaixados. Seus rostos ficam um tanto melancólicos enquanto essas emoções ruins dominam suas expressões faciais. É muito mais fácil expressar alegria e felicidade por um sorriso do que tristeza. Na psicologia, sorrir indica submissão e receptividade. Quando alguém está sorrindo para você, você é mais receptivo àquela pessoa, pois é assim que nossas mentes respondem a sorrisos. Nosso cérebro sabe como detectar sorrisos falsos, pois foi programado para isso para nossa sobrevivência.

Esses são alguns dos tipos de sorriso que você pode observar e seus significados:

Sorriso com os lábios cerrados

Nesse tipo de sorriso, em que os lábios cerrados formam um sorriso que vai de ponta a ponta no rosto das pessoas, os dentes não são mostrados. Ele indica que a outra pessoa tem segredos que ela não quer compartilhar com você. Esses segredos também podem ser uma forma de rejeição, já que há coisas que as pessoas não contam para não ferir os sentimentos da outra.

Observe os sorrisos de pessoas bem-sucedidas em revistas. Eles têm aquele tipo de sorriso que diz que eles têm segredos do que os fazem bem-sucedidos e não têm intenção nenhuma de conta-los para o resto do mundo. Pessoas que sabem de algo que lhes dá alguma vantagem, geralmente também sorriem dessa maneira.

Meio sorriso

É o sorriso em que a pessoa sorri apenas com um lado da boca. Ele geralmente significa sarcasmo. Nós podemos encontrar muitas pessoas sorrindo desse jeito para zombar de outras, inclusive podemos identificar se uma pessoa está zombando de nós. Esse sorriso demonstra apenas aversão à outra pessoa.

Sorriso de cair o queixo

Esse é um sorriso que seguidamente vemos sendo usado pelo Coringa. O maxilar da pessoa desce enquanto a pessoa apresenta um sorriso falso. Esse sorriso é usado para demonstrar prazer e disposição. Esse sorriso é conhecido por ser usado especialmente por políticos.

Nesse capítulo, aprendemos algumas das verdades básicas sobre o comportamento que se manifesta através dos rostos. Mesmo que a gente não admita, nós estamos sempre tentando ter certeza de que nosso rosto está agradável para os outros, colocando muito valor na face. Não tem nada de errado com isso, mas há coisas que nenhuma maquiagem consegue esconder, e isso é que o seu rosto é o bastante para melhorar ou arruinar o dia de alguém.

Capítulo 4: Gestos com as mãos

As mãos são partes poderosas do nosso corpo que expressam diferentes mensagens dependendo de como nós as usamos. Através das diferentes culturas ao redor do mundo, há diferentes maneiras de se cumprimentar alguém; alguns apertam as mãos, enquanto outros as cobrem.

As mãos são muitas vezes usadas para transmitir mensagens sobre coisas que estão dentro do alcance da conversa ou para dar direções. Quando alguém nos pede pão, nós ou apontamos para a padaria, ou estendemos a mão para dar o pão, ou mostramos nossa palma para dizer que não há nada que possamos fazer.

Linguagem de sinais

Para pessoas deficientes auditivas, usar sinais com as mãos são uma parte essencial da comunicação. A linguagem de sinais também pode ser usada para se comunicar com outras pessoas surdas ao redor do mundo. A universalidade da linguagem de sinais faz possível com que todas as pessoas deficientes auditivas consigam se entender.

Alguns gestos simples, como cumprimentos, são derivados, em sua maioria, da primeira letra da palavra que indicam. Se observada de perto, a língua de sinais básica é mais uma representação imagética da palavra que eles querem transmitir.

Não são apenas os deficientes auditivos que podem se beneficiar da beleza da língua de sinais. Há uma língua de sinais básicas que nós encontramos no nosso dia-a-dia, por exemplo, uma mão, perto do peito, apontando para o coração muitas vezes significa arrependimento e perdão.

Pegar com a mão

Nossas mãos muitas vezes são usadas para segurar alguém ou alguma coisa. A maneira como você segura alguém deixa uma impressão forte sobre suas intenções. Na maioria do tempo, a intensidade de suas emoções reflete na sua capacidade de segurar em algo, logo, quanto mais forte a pegada, mais intensas são as emoções envolvidas.

Comportamentos agressivos transparecem pela mão. Pessoas que têm tendência de serem agressivas provavelmente vão segurar coisas de uma maneira mais intensa do que aquelas que não têm. A agressividade geralmente é expressada por gestos com o punho cerrado, enquanto, por outro lado, pessoas mais passivas e pessimistas têm a tendência de esconder as mãos ou o hábito de roer as unhas. Essas pessoas mostram um grande número de inseguranças em suas personalidades que podem fazer delas menos acessíveis. As mãos delas viram uma válvula de escape de repressão sexual e maneirismos destrutivos, fazendo delas pessoas difíceis de se lidar.

Gestos com as mãos abertas indicam uma mente aberta e aceitabilidade. Pessoas que estão dispostas a cooperar com outros por exemplo, geralmente gesticulam com a mão aberta e estão mais sujeitas a aceitar sugestões do resto do grupo.

Toque

O toque também é um fator importante dos gestos com as mãos. Quando alguém toca você no ombro, isso provavelmente significa segurança e confiança nas suas habilidades. Empurrar o peito de alguém, significa agressividade, enquanto empurrar as costas, significa motivação. Tocar a própria orelha, significa que a pessoa está pensando em uma desculpa para algo. Esfregar as palmas das mãos significa esperar que algo positivo aconteça, por exemplo, uma pessoa que esfrega as mãos antes de jogar os dados na mesa está esperando resultados positivos. Os gestos de esfregar as mãos são normalmente usados por vendedores enquanto descrevem seus produtos. Eles mandam a mensagem de que eles estão esperando que algo bom aconteça. Se a resposta do comprador for esfregar as mãos também, ele também está esperando comprar algo bom.

Esfregar o dedão e o dedo indicador significa expectativa de ganhar dinheiro. É como se fosse esfregar o dedão contra uma moeda esperando dinheiro de alguém. Lembre-se de nunca usar esse gesto com clientes, pois isso dará uma impressão negativa.

Juntar as mãos entrelaçando os dedos significa frustração. É comum ver pessoas juntando as mãos dessa maneira em situações em que a pessoa espera ser atingida pela sorte. Há três posições para esse gesto: a mais alta, geralmente na frente do rosto; a central, geralmente próxima ao estômago; e, por fim, a mais baixa, na área da virilha. Essas posições indicam o tamanho da frustração, sendo a posição mais alta o nível mais alto de frustração.

Juntar as mãos sem entrelaçar os dedos, apenas tocando a ponta dos dedos, é visto nas relações entre superiores e subordinados. É normalmente usada pelos superiores na hora de dar instruções aos subordinados. Não é o gesto ideal se você quer ser persuasivo, porque esse gesto sugere superioridade e o faz parecer mais mandão.

Escorar o rosto nas mãos é um gesto para capturar a atenção de um homem. Essa posição é feita quando você escora o queixo sobre as mãos, apresentando sua face. É como se você estivesse apresentando sua face para o homem admirar.

Segurar as mãos atrás das costas significa autoridade e superioridade. Esses gestos são normalmente vistos em pessoas que exercem autoridade, que olham para os outros de cabeça erguida. Enquanto isso, segurar o punho atrás das costas significa frustração. Quanto mais para cima no braço for essa pegada, maior é a frustração.

Dedos

Os dedos também podem mandar mensagens para as outras pessoas. Apontar o dedo para alguém significa um ato de agressividade. Apontar ele para cima significa autoridade intelectual. Observe pinturas de grandes intelectuais como Platão e Aristóteles; eles sempre são retratados com o dedo indicador para cima como sinal de sabedoria.

Apontar os dedos para baixo significa segurar a raiva. O ato de se acalmar é normalmente associado com contar, logo, apontar os dedos para baixo significa acalmar os ânimos. Levantar o polegar significa concordar com alguém e tocar o dedo anelar significa problemas de comprometimento.

Os dedões são sempre associados com superioridade. Gestos como colocar as mãos no bolso com os dedões para fora são uma expressão de confiança. Segurar as alças da mochila expondo seus dedões também pode ser visto como um ato de dominância e confiança, mas segurar as alças mais em baixo, escondendo os dedões, significa frustração e insegurança. Os dedões também podem ser usados para zombar de alguém, como quando, por exemplo, uma pessoa aponta para a outra com o dedão. Colocar as mãos nos bolsos de trás com os dedões expostos, significa esconder de alguém a dominância e projetar um falso senso de humildade.

Nesse capítulo aprendemos sobre o poder das mãos tanto para se expressar como para enviar mensagens poderosas. Agora você também é capaz de entender a significância dos gestos com as mãos como um meio de comunicação para todos.

Capítulo 5: Braços

Os braços muitas vezes são usados para demonstrar força e autoridade. Uma pessoa que está sempre de braços cruzados, demonstra impaciência e parece impor autoridade em relação à outra pessoa. Pessoas que não conhecem a importância dos braços na arte da comunicação, frequentemente colocam os braços ao redor de alguém sem saber que isso significa colocar dominância sobre alguém, causando constrangimento e desconforto.

Gestos com os braços abertos indicam abertura para outras pessoas. Um abraço frequentemente leva à reconciliação e a um aumento na intimidade, porque o poder dos braços, que indica aceitação, faz com que a segunda pessoa fique confortável com a primeira.

Na maioria das vezes, gestos com os braços e com as mãos só são utilizados quando há algo que você quer dizer de uma maneira rápida e direta. Os gestos fazem a função de chamar a atenção do interlocutor para problemas do momento.

Por exemplo, uma pessoa pode se recusar a dar esmola para um mendigo, mas, devido a persistência dele, a pessoa pode apontar para outras, indicando que o mendigo deve pedir esmola a elas e deixá-la em paz. Conforme a situação avança, mais gestos com as mãos (indicando mensagens imediatas) e com os braços (indicando autoridade) são utilizados para dizer para o mendigo ir embora.

Os braços também podem ser um sinal de força e suporte. Abraçar significa oferecer suporte e força para outra pessoa. Quando estamos reconfortando alguém, abraçar a pessoa é um ato de dar segurança à pessoa. Um abraço leve indica intimidade, e abraçar a si mesmo é um ato de proteção própria.

Alongamentos com os braços significam uma renovação na motivação da pessoa para o que ela está fazendo no momento.Segurar uma mão na outra indica mensagens diferentes dependendo do gênero da pessoa. Para mulheres, esse gesto significa atração e timidez por alguém, enquanto para homens, significa segurança, um senso de confiança enquanto se dirige a um público, por exemplo.

Alguns maneirismos inconscientes com o braço refletem o estado emocional da pessoa. Nervosismo é frequentemente expressado por tocar algo para distrair a tensão de estar encarando um medo. Pessoas que seguram os pulsos, por exemplo, estão tentando aliviar inseguranças e nervosismo.

Os braços podem ser usados como uma barreira, tanto para indicar superioridade como arrogância. De acordo com a Psicologia, cruzar os braços é um mecanismo de defesa contra intrusos e estranhos. É comum ver esse gesto em pessoas que se consideram entre estranhos.

Esse gesto de isolamento causa um efeito prejudicial entre as pessoas que o fazem e que o veem. As pessoas que o fazem podem ver esse gesto como um gesto de conforto, mas para os outros, ele é visto como um gesto de arrogância e desrespeito. A solução para os maneirismos é sempre conter eles quando você sente vontade de fazê-los.

Capítulo 6: Movimente-se

As pernas, assim como os braços, podem revelar muito sobre a natureza de uma pessoa. Você pode entender o estado mental de uma pessoa pela maneira que elas usam as pernas no decorrer de uma conversa, ou até quando elas estão apenas sentadas, ouvindo você.

Quais são esses sinais? Neste capítulo. nós veremos como há diferentes conotações possíveis para o jeito com que as pessoas usam as pernas.

Foi ninguém menos que Albert Einstein que disse, "As pernas são as rodas da criatividade". Ele poderia, do mesmo jeito, ter dito que as pernas são as rodas da comunicação não verbal, já que as pernas muitas vezes vão comunicar o que as pessoas não estão dizendo.

Muito foi escrito sobre a linguagem corporal, e a maioria deste conhecimento está disponível para todos. Enquanto muitas pessoas vão tentar observar e interpretar a linguagem corporal dos outros, muitas outras estão conscientes da própria linguagem corporal e vão tentar controlá-la. Mesmo assim, a maioria delas vai se concentrar na parte de cima do corpo; elas vão tentar controlar as expressões faciais e vão estar muito cientes do que estão fazendo com as mãos, mas vão esquecer completamente das pernas. Se as pernas e a parte de cima do corpo estiverem em conflito, é um sinal claro de que a pessoa está tentando controlar a própria linguagem corporal.

Interpretar a linguagem corporal não é uma ciência exata. Indivíduos reagem de maneiras diferentes, assim como culturas diferentes expressam coisas diferentes com diferentes movimentos. Você pode, no entanto, observar alguns sinais muito difundidos. Se um homem balança enquanto caminha, frequentemente isso é um sinal de confiança. As mulheres às vezes vão caminhar balançando levemente os quadris, o que pode ser um sinal de flerte.

Há duas maneiras de se analisar as pernas de alguém, se a pessoa estiver em pé ou se ela estiver sentada. É normal para um homem ficar de pé com as pernas abertas na distância dos ombros. Se as pernas dele estiverem mais abertas do que isso, é um sinal de confiança. Uma pessoa em pé com as pernas abertas faz isso na tentativa de fazer o corpo parecer maior e, logo, mais poderoso. Essa posição também ocupa mais território e demonstra dominância. Se uma pessoa fica em pé com as pernas juntas, ou com as pernas menos abertas do que a distância entre os ombros, isso é um sinal de ansiedade e sentimento de inferioridade. Ela está tentando se esconder, sendo um menor alvo possível.

Quando alguém senta com as pernas cruzadas, isso pode indicar ou que a pessoa não acha você bem-vindo ou que ela tem uma mente fechada. Fazer alguém descruzar as pernas é um sinal claro de que a pessoa está se abrindo para você. Mas lembre-se que uma mulher sentada com as pernas cruzadas não necessariamente indica que ela não acha você bem-vindo, pois essa é uma postura muito comum para mulheres, ainda mais quando elas estão usando saias ou vestidos curtos. Se os joelhos dela estiverem em sua direção, isso mostra que ela está receptiva. No entanto, se os joelhos estiverem apontados para outra direção, isso indica que ela está desconfortável com você e que ela quer sair de onde está.

Desça um pouco além das pernas e olhe para os pés. Se os pés, ou mesmo um só pé, de alguém estiver apontando para você, isso significa que a pessoa está confortável com sua presença. Se os pés apontam em outra direção, isso significa que a pessoa está prestes a ir embora.

Capítulo 7: Como Pegar um Mentiroso

Uma das principais razões pelas quais as pessoas querem aprender a arte de ler a linguagem corporal é para se proteger da desonestidade. Tantas pessoas ao nosso redor são tão boas na arte de mentir, que enganar os outros já até virou negócio. Há a possibilidade de perdermos muitas coisas (inclusive dinheiro), se virarmos vítimas de mentirosos ou pessoas que querem tirar vantagem de nós.

Há diferentes graus de mentira. Há o pequeno ajuste de uma verdade (mentira branca), o evitar de um problema (ocultação da verdade), e a mentira maliciosa (que manipula o fato para ele parecer mais do que é). Nós gostamos de pensar que somos bons em ver se alguém está mentindo, ou pelo menos, se uma pessoa que é próxima de nós está mentindo. O fato é que a maioria das pessoas conta pelo menos uma mentirinha todos os dias sem nem pensar. Este capítulo vai lhe ensinar para o que olhar quando você está procurando pela verdade.

Algumas pessoas odeiam tanto os mentirosos que elas têm dificuldade em acreditar nas pessoas mesmo quando há muitas provas de que algo é verdade. Essas pessoas desenvolvem uma crença de que ser crítico com tudo é muito melhor do que ser enganado. Normalmente, as mentiras começam quando nós somos novos e temos medo de sermos punidos. Esse é um mecanismo de defesa contra o que pode nos prejudicar, logo, é uma maneira de nos protegermos. Nossa mente está sempre alinhada dizer a verdade, então nosso corpo acaba mandando muitos sinais se estamos mentindo. Alguns desses sinais são:

Olhos

Os olhos são uma das regiões mais expressivas de nossos corpos. Aprender a ler as mensagens não verbais transmitidas pelos nossos olhos pode lhe dar uma boa vantagem quando você quer analisar a linguagem corporal de alguém. Então, o que exatamente você deve procurar nos olhos da pessoa para saber se ela está mentindo?

Sobrancelhas

As sobrancelhas geralmente estão em sincronia com nossos olhos quando dizem a verdade. Elas levantam quando estão falando algo com sinceridade e convicção. Mas sobrancelhas abaixadas indicam que a pessoa está tentando esconder algo, cobrir os olhos para as pessoas para quem a mentira está sendo contada.

Você deve ser cuidadoso com os julgamentos que faz quando uma pessoa abaixa as sobrancelhas. Algumas pessoas usam essa técnica para enganar os outros, tentando induzir simpatia da pessoa, e fazendo com que seja muito mais difícil detectar a mentira. Mas não se preocupe, há outras maneiras de detectar se alguém está mentindo.

Contato visual
Contato visual é algo que mentirosos compulsivos quase sempre tentam aperfeiçoar. Na verdade, a linguagem

corporal em geral é algo sobre o que muitos mentirosos de primeira classe sabem muito, então você pode acabar sendo enganado mesmo que você esteja procurando por sinais da mentira.

Para pessoas que não são mentirosos profissionais, o contato visual pode ser um tanto complicado. Muitos dos mentirosos – especialmente os mentirosos desafiadores, que sabem que têm culpa, mas também sabem que você não pode provar isso – irão segurar o olhar por muito tempo, quebrando sua concentração e lhe convencendo da inocência deles. É a forma deles de se esquivar da culpa e virar a mesa dizendo "como você ousa duvidar de mim?". Um mentiroso que tem vergonha do que fez, por outro lado, não conseguirá encarar você por mais de três segundos.

Pupilas

Mentir faz coisas interessantes com o corpo. Quando uma pessoa sabe que está sendo desonesta (e se sente mal por isso ou está preocupada em ser pega), seu corpo reage com a aceleração do ritmo cardíaco, respiração ofegante, e aumento da pressão sanguínea – todas essas, reações humanas para o medo, ou para a reação de lutar ou fugir.

As mudanças físicas que acompanham a mentira preparam a pessoa para fugir ou reagir com violência, e elas datam de quando nossos ancestrais ainda viviam em cavernas, ainda se defendendo de tigres dentre-de-sabre. Mas como essa informação se relaciona com os olhos? Bem, em um esforço para fazer da sua visão o mais afiada possível (para que você possa, teoricamente, detectar problemas em potencial) suas pupilas dilatam durante essa reação. Mentirosos podem parecer ter pupilas do tamanho de um prato, isso é, se você conseguir enxerga-las de tão grandes.

Posição dos olhos

Os mentirosos mantêm os olhos arregalados ou quase fechados? Isso depende da personalidade do mentiroso e se ele acha que vai se safar da mentira ou não. Contadores de meias-verdades profissionais (como vendedores) são muito cuidadosos em manter seus olhos abertos de uma maneira normal, para não parecerem muito ávidos (olhos arregalados) ou suspeitos (olhos quase fechados).

Alguém com poucas habilidades para mentir tem maior probabilidade de arregalar os olhos para dar ênfase a um ponto e tentar convencer você de sua inocência. Infelizmente, isso também pode ser um sinal de raiva ou nervosismo, então não é o sinal mais confiável.

Rosto vermelho

Para quem não sabe, um rosto vermelho é sinal de nervosismo e vergonha, e um sinal claro de mentira em mentirosos menos habilidosos. Essa resposta também está ligada com a reação química de lutar ou fugir, e acontece principalmente nas bochechas e pescoço, podendo se espalhar para as costas e o torso. Essa vermelhidão geralmente é mais visível em pessoas com a pele mais clara, então se o João é descendente árabe e a Maria recém voltou de um cruzeiro no Caribe, é pouco provável que você conseguirá os ver ficando vermelhos por causa da ansiedade.

Se coçando

Você pode pensar que um nariz vermelho seja uma indicação clara da culpa de alguém, mas você está errado. Mesmo que um nariz vermelho possa indicar ansiedade, raiva e oposição (todas reações de alguém que está escondendo a verdade), ele também pode ter sido causado por suas acusações à pessoa.

Isso quer dizer que você não deve levar o nariz em conta quando está tentando descobrir se alguém está mentindo? Ou o nariz guarda outros segredos? Se você fizer perguntas diretas a alguém e essa pessoa responda coçando o nariz, na verdade esse é um bom indicador de que ela está mentindo. Na verdade, qualquer tipo de coçada no rosto mostra que a pessoa está se sentindo ansiosa (lembre-se que se coçar serve para acalmar os nervos).

Uma coçada na boca – ainda mais quando uma pessoa está hesitando para responder – é uma grande bandeira vermelha. Ela é uma tentativa de bloquear as palavras não verdadeiras que estão prestes a sair da boca.

A cabeça

Um mentiroso usa a cabeça de maneiras muito peculiares. Por exemplo, se João está de pé na sua frente, dizendo que é inocente, e balançando a cabeça excessivamente enquanto fala, isso é um sinal de ansiedade e de que as coisas não estão bem com ele. Se ele permanecer em silêncio e mexer a cabeça para baixo ou para os lados, ele ou está tentando evitar contato visual, ou está pensando muito cuidadosamente na escolha de suas palavras, ambos sinais indicam que há algo de errado com ele. Se ele também colocar a mão atrás da cabeça ou do pescoço (outro exemplo de toque em si mesmo) isso indica nervosismo.

Os lábios não mentem

Uma das coisas mais interessantes que os mentirosos fazem é não controlar suas bocas. Isso na verdade é uma pista verbal, mas vale a pena ser mencionada. Shakespeare escreveu, "Parece-me que a dama faz protestos demasiados", e isso resume bem essa ideia. Quando alguém reage a algo pequeno falando sem parar, é óbvio que está tentando te convencer você de que é inocente, com o raciocínio falso de que qualquer um que se presta a se defender vigorosamente de uma pequena acusação deve ter uma moral muito elevada e, logo, deve estar profundamente ofendido pela sugestão de que fez algo errado.

O tom imperfeito

Há outros indicadores vocais de que uma pessoa não está sendo completamente honesta, e eles são todos efeitos colaterais da tensão. O tom da voz de uma pessoa pode estar desafinado – normalmente, uma afinação nervosa é aquela um pouco mais alta do que um timbre normal. Outro tique que vemos em mentirosos é tosse em excesso.

A entonação sempre pode ser relacionada com o ato de convencer os outros. Se a entonação for muita mais grave do que o normal, isso pode indicar que a pessoa que está falando com você não está convencida das próprias palavras. Se a entonação da pessoa está muito mais aguda do que o normal, o indicador é de nervosismo e de que a pessoa quer que as palavras dela sejam mais convincentes do que realmente são.

Os mentirosos sempre têm uma entonação mais aguda, pois eles precisam convencer a outra pessoa de que estão falando a verdade. Você pode facilmente detectar esse nervosismo na voz de uma pessoa. Mentirosos estão ansiosos por baixo de seus exteriores calmos. Eles não querem ser descobertos, não importa o tamanho da mentira. Ser pego por uma mentira branca é quase tão ruim quanto ser pego por uma mentira maior, pois são essas "mentirinhas" que fazem as pessoas se perguntarem o porquê de alguém mentir por algo tão pequeno. Enquanto isso, as grandes mentiras pelo menos tem o propósito de proteger a pessoa de consequências maiores. Não estou querendo dizer que você deve mentir nessas situações; a verdade o libertará – se não da prisão, pelo menos da ansiedade que o assombraria e seria demonstrada pelo seu comportamento.

Ainda falando da boca, o nervosismo pode transparecer nas áreas dentro e ao redor da boca. Apertar ou morder os lábios pode ser uma tentativa subconsciente de manter as palavras dentro de sua boca.

Mostrar a língua (uma ponta da língua, como se a pessoa estivesse lambendo os lábios) é um sinal de incerteza, uma maneira de indicar que a pessoa não sabe bem se o que está dizendo é verdade ou não. Alguns mentirosos vão abrir e fechar os lábios repetidamente, o que é apenas outro sinal do excesso de energia do nervosismo que eles estão tentando esconder.

A postura diz tudo

A vida seria fácil se os mentirosos dissessem a verdade – se enganar alguém matasse. Infelizmente, não é assim que a vida funciona, então você tem que achar outras maneiras de determinar se alguém está lhe dizendo a verdade ou lhe jogando um monte de lixo. Ler a postura corporal da pessoa em questão é outra ferramenta útil para o seu kit de detetive.

A postura do mentiroso é uma daquelas coisas é depende completamente do quão habilidoso é o mentiroso. Isso significa que você tem que procurar por padrões. Se você não conhece a pessoa bem o suficiente para determinar se ela fica em uma postura ruim só quando está nervosa ou se está sempre em uma postura ruim, só lhes restam outras pistas não verbais que a pessoa exibe.

Os braços protetores
Quando um mentiroso cruza os braços, eles ficam colados no corpo. Mãos escondidas (nos bolsos, por exemplo) são um sinal de enganação. Mãos expostas não têm nada a esconder. Políticos, por exemplo, sempre se esforçam para manter as mãos à vista. Cruzar os braços apertadamente acalma os nervos da pessoa, é como se ela estivesse dando um abraço em si mesma.

O ângulo certo
Como é de se esperar, o mentiroso ocasional frequentemente não fica de frente para a pessoa para quem ele está mentindo. Ele não consegue juntar coragem para lhe encarar, então ele se

vira para um lado oposto, parcialmente ou completamente. Se virar para um lado diferente do que o que a pessoa está é uma maneira de evitar contato visual, pois é mais fácil mentir para alguém sem olhar nos olhos da pessoa.

É difícil de saber se alguém que você ama está mentindo para você. Admitindo ou não, confiança é algo difícil de se conseguir. Mentir é algo que nós sempre evitamos a todo custo, mas também é verdade que mentir pode ser uma forma de autoproteção. Por qualquer razão que seja, é importante saber os sinais de uma mentira para se proteger de ser enganado pelos outros.

Capítulo 8: Lidere

O principal aspecto da liderança é a comunicação. Grandes líderes como Mahatma Gandhi usavam gestos com as mãos próximas para enviar mensagens de gentileza e não violência. Oradores, discursistas e outras pessoas que gostam de se expressar através de diferentes gestos são, na maioria das vezes, confiantes e claros com a audiência, o que mostra poder e liderança.

Grandes líderes usavam a arte da linguagem corporal para influenciar outras pessoas a segui-los. Você já se perguntou por que as pessoas adoram imitar seus ídolos para expressar admiração por eles? A razão por trás disso é que elas acreditam que imitar os ídolos é o mesmo que seguir seus passos.

A principal marca dos grandes líderes é conseguir influenciar os ideais e hábitos de seus seguidores. Por exemplo, um supervisor no ambiente de trabalho que é conhecido por ser ótimo em resolver crises e também é um fumante ávido que gosta de sair com outros funcionários vai ter seus comportamentos não relacionados ao trabalho imitados por outros funcionários que têm admiração por ele.

Pode ser que esse caso não aconteça sempre, mas, na maioria das vezes, inconscientemente, nós adaptamos nossos hábitos e gestos para imitar aqueles das pessoas a quem nós admiramos. Celebridades locais e políticos são conhecidos por influenciar seus seguidores. Eles geralmente têm gestos usuais que os outros adoram imitar.

Você deve estar se perguntando como alguém pode ser um grande líder e influenciador ao mesmo tempo. É possível que qualquer um faça outras pessoas segui-lo? Sim, é possível. Para virar um grande líder você tem que saber como negociar com as pessoas. Sim, negociar é o segredo. Persuadir e fazer com que as pessoas acreditem em tudo que você diz é o primeiro passo para se tornar um líder. Grandes líderes são conhecidos por serem grandes negociadores. Eles sempre acham um jeito de acharem coisas em comum com aqueles que eles querem comandar.

A arte de negociar é simples, mas pode ser enganadora. Não são apenas as palavras certas para persuadir, é também a coleção de gestos imitados. Sim, isso mesmo: imitar os gestos é a chave do sucesso em negociações. Essa imitação envia sinais de adaptação à outra pessoa.

A camuflagem e a imitação de movimentos são duas armas muito usadas no reino animal como maneiras de sobreviver na natureza. Elas não apenas ajudam as presas a se protegerem de seus predadores, mas também fazem com que os animais que melhor usam essas ferramentas sejam, geralmente, os líderes do grupo. Está escrito em nosso DNA que os líderes são aqueles que melhor conseguem se adaptar.

Essas são algumas técnicas que você pode utilizar em negociações ou para influenciar alguém:

Olhos

Você está prestes a apresentar aos seus futuros investidores o produto que você acredita que será a sua maior possibilidade de exportação se a apresentação der certo. Você está tão nervoso que durante a apresentação você sempre olha para baixo, pois você não quer se distrair, mas, infelizmente, os investidores não ficam impressionados e recusam sua proposta.

O que aconteceu de errado com o exemplo acima? Geralmente as pessoas que querem convencer as outras devem manter contato visual o tempo todo, pois as pessoas procuram convicção nos olhos das outras. Aprenda a ler os olhos das pessoas com quem você está falando, especialmente se você está falando para um público.

É óbvio que você não vai conseguir olhar nos olhos de todo mundo, mas apenas a menção de olhar nos olhos deles já é como se você estivesse olhando nos olhos de cada um individualmente. Os olhos lhe conectam com a pessoa com quem você está conversando; eles dão foco para ambos. Mesmo que o outro não esteja olhando para você, aprenda a olhar diretamente para a pessoa, porque nós temos o instinto de sempre saber se alguém está olhando para nós.

Pessoas que não estão interessadas, geralmente ficam olhando em volta; elas procuram algo para se focar. Ganhe a atenção delas imitando-as. A imitação é a melhor maneira de chamar a atenção de alguém, e olhar em volta vai indicar para os outros que você está perdendo o foco, logo, vai chamar a atenção dessas pessoas.

No escritório, olhar para alguém com convicção envia a mensagem de que o que você está dizendo é urgente e exige atenção. Empregados odeiam as encaradas dos chefes, elas dão a impressão de que algo está errado e necessita de atenção imediata.

Expressão facial

A expressão facial abrange toda cabeça e é composta principalmente de gestos com a cabeça. Oradores e líderes gostam de imitar as expressões faciais dos subordinados para fazer com que eles sintam que estão recebendo a atenção que eles precisam para seguir tudo aquilo que eles disserem.

O simples gesto de sorrir fará os outros se sentirem bem-vindos e, logo, um seguidor em potencial. Políticos adoram sorrir em público para transmitir a aura de receptividade e boa liderança. Pessoas odeias indivíduos carrancudos, pois eles transmitem sentimentos desconfortáveis.

Um gerente que sempre sorri cria um ambiente leve e fácil de se trabalhar, além de um humor geral de receptividade e crescimento para todos. As expressões faciais podem ou lhe consagrar ou lhe arruinar como um líder. A receptividade das pessoas muitas vezes se baseia no tipo de expressão facial que você usa com elas.

A melhor maneira de fazer os outros se sentirem confortáveis sempre que você está por perto é aprender a adaptar a sua expressão facial para a mesma daqueles que você quer que lhe sigam. Desse jeito, eles sentirão que você é um líder que os entende, e não um chefe que está lá apenas para os fazer desconfortáveis.

Mãos e braços

Mãos e braços desempenham um importante papel em negociações e para influenciar os outros. Como foi dito no capítulo anterior, as mãos representam intimidade e conexão com outras pessoas, enquanto os braços significam proteção e força. Grandes líderes conhecem muito bem essas técnicas. Pessoas precisam sentir uma conexão com seus líderes para se sentirem importantes. Um simples aceno da Rainha Elizabeth, do carro dela, no meio de um desfile, já é o suficiente para fazer com que as pessoas se sintam importantes. Isso é verdade para qualquer líder no mundo, um simples aperto de mão sincero pode ser muito impactante para um subordinado. A razão por trás disso é que as mãos passam uma mensagem de conexão e sinceridade e, logo, são vitais para fazer com que os outros se sintam conectados a você.

O abraço é um poderoso gesto de intimidade. Líderes que gostam de abraçar os subordinados são vistos como justos e compassivos. Carregar crianças no colo e abraçar os mais velhos manda uma mensagem poderosa de amor e passa a imagem de um líder respeitável. Isso é um método comum para persuadir as pessoas a acharem que você é uma pessoa em quem elas podem confiar e que vai levá-las por um caminho de justiça e igualdade.

Liderar é difícil e exige muito talento e habilidade. As pessoas acabam aprendendo a realidade de que não é o suficiente apenas ser alguém que manda em todo mundo, mas é necessário ser alguém que conhece as necessidades básicas de cada indivíduo, tenha uma conexão com ele e os entenda. O uso da linguagem corporal em sua vantagem é crucial para persuadir os outros a segui-lo.

Capítulo 9: Linguagem corporal no trabalho

E se o seu emprego for confortável mas não estiver levando você a lugar nenhum? Você não é promovido, ninguém parece notar você ou suas contribuições, e você está começando a se perguntar se alguém notaria se você simplesmente não aparecesse no trabalho. Enquanto isso, seu colega está ascendendo como foguete na escada corporativa. Antes de você começar a apontar o dedo, dê uma olhada na linguagem corporal desse colega, talvez você possa aprender uma coisa ou duas com ela. Você pode pensar que é uma pessoa melhor que o seu colega, e talvez você até esteja certo, mas ser bom não é o que lhe leva adiante no mundo dos negócios – ser o melhor funcionário, sim. E, às vezes, você não tem nem que ser o melhor funcionário, você apenas tem que saber como projetar a imagem de que você é o melhor funcionário. De novo, voltamos para a importância de mostrar confiança e uma atitude positiva. Ande com o peito estufado. Sente ereto. Saiba como parecer que você está escutando os outros. Cultive um aperto de mão profissional. Olhe as outras pessoas nos olhos. Sorria. Todas essas dicas de linguagem corporal fazem você parecer mais interessante e aberto a aproximações – como alguém que está pronto para aparecer de repente e ajudar em qualquer oportunidade. Provavelmente esse seu colega sabe como demonstrar essas características sem parecer falso. Ele parece saber o que está fazendo de uma maneira que as outras pessoas achem que ele realmente sabe.

Que tipo de linguagem corporal lhe prejudica no escritório? Qualquer ação que faça você parecer abrasive, incerto ou desinteressante, como:

Má postura
Falta de contato visual
Aperto de mão fraco
Gestos nervosos como, ficar torcendo a mão ou mexendo a perna.

Agora, olhe de novo para o João. Ele anda com o peito estufado, faz questão de fazer contato visual com as pessoas, aperta mãos como se ele tivesse concorrendo a presidência... Consegue ver a diferença? Seu colega parece uma pedra na tempestade, parece a pessoa para quem você deve ir correndo caso algo errado aconteça.

O funcionário que nunca faz contato visual e se esconde das outras pessoas com sua linguagem corporal sempre vai passar despercebido, principalmente em tempos de crise, que é quando os líderes são forjados.

Aqui está a parte importante: quando há duas pessoas que trabalham igualmente bem, o chefe provavelmente vai dar a promoção para aquele que ele gosta mais, e, provavelmente, é mais fácil gostar desse seu colega, porque ele dá a todos uma ampla oportunidade de verem ele se destacar no escritório. Não é justo, mas acontece o tempo todo. Você tem que saber como jogar o jogo do seu colega se você quiser superá-lo.

A caminhada do sucesso

Há a linguagem corporal que vai lhe conseguir uma promoção, a linguagem corporal que vai fazer você ser ignorado e a linguagem corporal que vai lhe fazer ser demitido. Todo mundo sabe que algumas coisas – como gestos obscenos de qualquer tipo – são muito inapropriados no ambiente de trabalho. Mas há alguns movimentos que caem em uma área cinza. Tecnicamente, eles não são movimentos ofensivos, mas há algo neles que deixa as pessoas desconfortáveis. Dentre eles estão:

Contato visual prolongado
Uso excessivo das mãos para enfatizar um ponto
Tossir ou pigarrear em excesso
Ser carrancudo o tempo todo
Toques prolongados

Bem, o último item da lista pode chegar a ser um problema com a lei, dependendo de quem está tocando e onde. As outras ações, no entanto, podem ser consideradas apenas um pouco... estranhas. Você conhece essas coisas – aquele colega que nunca para de te olhar enquanto fala com você; a colega que balança os braços como se fossem asas quando ela está animada com algo; e aquela pessoa que sempre parece zangada.

De novo, o funcionário de sucesso se dá bem com todo mundo no escritório, e sempre aparece disposto a se prontificar para participar de qualquer projeto ou resolver qualquer problema. Com isso não estou querendo dizer que quem não sabe sobre como fazer contato visual apropriadamente é uma pessoa má, mas que essa pessoa pode deixar os outros nervosos, o que resulta em pessoas evitando ela.

Seja para melhor ou para pior, a linguagem corporal é uma marca significativa em interações do mundo dos negócios. É um mundo selvagem lá fora, mas você não tem que se juntar às traições e fofocas que acontecem em muitos escritórios para se promover. Aprendendo a se portar com um verdadeiro profissional, você causa uma impressão distinta nas pessoas ao seu redor, inclusive nos seus chefes.

Ande ereto, aperta mãos com firmeza, e faça contato visual, não importa o quão estranho essas ações possam parecer para você no começo. Ninguém se lembra de um papel de parede – use sua linguagem corporal para se fazer visível, memorável, contratável e promovível.

Você vai se lembrar dos primeiros capítulos que as palmas da mão para cima são um gesto amigável; palmas da mão para baixo indicam um interlocutor fechado que não está aberto a novas ideias. Alguém que oferece as mãos para você com a palma da mão virada para baixo está querendo dizer que ele é alguém importante no escritório. Esse é o tipo de movimento que o presidente da empresa pode usar quando está conhecendo subordinados.

Se alguém lhe oferecer a mão com a palma para baixo, está tudo bem se você oferecer sua mão verticalmente e esperar que a pessoa aperte sua mão (a não ser que ele seja seu chefe). A coisa engraçada nisso é que algumas pessoas mais agressivas vão apertar sua mão e tentar virar a palma dela para cima. Lute contra isso, e não se sinta estranho com essa queda de mãos em que você está se metendo.

Você simplesmente está protegendo a sua posição. É errado oferecer a mão com a palma para cima? Não se você for extremamente confiante e/ou em uma posição de poder. Nesse caso, isso pode parecer um gesto humilde, que provavelmente vai fazer os outros se sentirem confortáveis em sua presença.

Você já deve ter visto irmãos e amigos homens apertando as mãos e ao mesmo tempo batendo um no outro em seus ombros – obviamente um jeito de dizer, "estou tão feliz em lhe ver!". Essemovimento é reservado para encontrospessoais?

Essa batida no ombro, juntamente com segurar o cotovelo do outro, é simplesmente uma demonstração de boa vontade. É uma maneira de expressar alegria genuína em ver o outro sem precisar dar um abraço (apesar de que, às vezes, a batida no ombro é um prelúdio para um abraço, especialmente entre amigos homens ou familiares).

O movimento seguinte é sutil e frequentemente precede um aperto de mão, sendo muito fácil de perder. Digamos que você está terminando um encontro com um colega, vocês apertam as mãos e quando você vira para caminhar até a porta, ele caminha com você e coloca a mão no seu ombro. Esse é um movimento condescendente, que sugere que você é a pessoa inferior na situação.

Se você é uma pessoa que trabalha com alguém que é adepto do toque condescendente no ombro, se mova para fora do alcance dele depois do aperto de mão. Quando ele faz isso com você, a percepção dele de que ele é superior cresce, o que pode não significar nada na vida real, mas não há sentido em alimentar o ego dessa pessoa.

Você pode não se incomodar com o toque no ombro, mas você não quer que a outra pessoa comece a acreditar que tem algum tipo de controle sobre você. Você quer que ele saiba que você é uma força a ser reconhecida. Logo, se livrar das tentativas de intimidação da outra pessoa é uma ótima maneira de passar essa mensagem claramente.

Um papel bem interpretado

Todos nós já vimos pessoas que são menos talentosas que seus colegas ganharem grandes promoções. Naturalmente, pares e colegas coçam a cabeça para isso. Como é possível que aquela pessoa, que mal é qualificada para aquela posição, foi promovida para uma posição que ele não merece? Bem, essa pessoa, mesmo que inadequada para fazer o trabalho, provavelmente joga bem o "jogo do escritório" – e uma grande parte desse "jogo" envolve linguagem corporal.

As chances são que ele é um mestre em projetar uma atitude positiva, um ambiente alegre e saber exatamente quando e onde aparecer em um lugar para parecer que ele fez mais do que realmente fez.E, tão importante quanto o resto, ele sabe como se manter na linha das políticas bobas do escritório. Mesmo que odiemos admitir, ele está fazendo algo certo – algo com o que nós poderíamos aprender. Tente esses truques de linguagem corporal para passar uma imagem positiva no escritório e veja o que acontece.

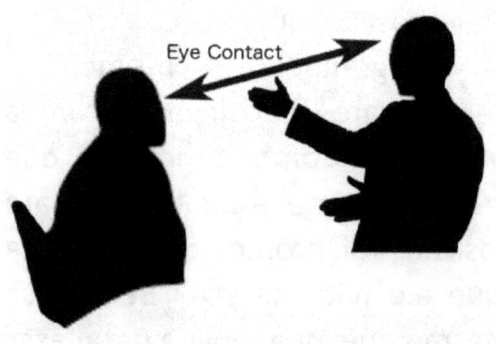

Pareça interessado em reuniões, mesmo que você sinta que ela é uma perda do seu tempo;

Se sente de maneira ereta, abra seus olhos e faça contato visual com quem estiver falando. Assuma que há algo interessante no que a pessoa está dizendo e pareça de fato interessado;

Se faça mais visível, se destaque e faça questões em reuniões; quem estiver apresentado e os chefes adoram saber que as pessoas estão ouvindo e interessadas;

Seja amigável e alegre. Sorria quando você cumprimenta as pessoas;
Quandoas pessoas lhe envolverem na conversa, incline um pouco a cabeça, faça contato visual e acene com a cabeça de tempos em tempos; você vai ganhar muitos aliados apenas por parecer que você é um bom ouvinte;

Nãosejasubmisso. Caminhe em uma postura ereta e a passos largos quando estiver no escritório. Está tudo em parecer que você sabe exatamente o que está fazendo, mesmo que você não saiba;

 Não deixe ninguém lhe subestimar e olhar de cima para você – literalmente. Digamos que alguém para do lado da sua mesa para lhe dar instruções de um projeto e isso claramente vai levar alguns minutos. Convide a pessoa a se sentar, ou fique de pé para ficar na altura dos olhos da pessoa. A pessoa que é fisicamente mais alta na conversa é considerada a dominante.

Se você está tentando ganhar uma promoção, isso não é algo que você pode fazer em um dia; é uma mudança de vida no escritório. Mas não se preocupe, você pode morder a língua o dia inteiro para coisas que você gostaria de ter dito, mas quando você sair do escritório, pode liberar tudo.

Capítulo 10: Use em sua Vantagem

Todo mundo quer um aumento, uma promoção e um novo carro, mas você sabe que isso leva tempo e, às vezes, leva mais tempo do que você está disposto a esperar. Você sabe que a vida é sobre dar e ganhar, mas deve ter algo que você pode fazer para receber seus "ganhos" um pouco mais cedo.

Usar seus sinais em sua vantagem começa com a empatia; você tem que se colocar no lugar da outra pessoa para entender as necessidades dela. Lembre-se de quando você já esteve na situação da pessoa para que você seja capaz de facilmente se espelhar e construir uma harmonia com o indivíduo. Uma vez que você tenha se colocado no lugar da pessoa, você será capaz de entender qual a motivação da pessoa. Saber o que a outra pessoa quer vai lhe ajudar no caminho do sucesso, porque você saberá como propositalmente usar sua linguagem corporal para refletir a motivação das pessoas.

Ganhando confiança

Durante os primeiros dez minutos de uma conversa com um completo estranho, 60% das pessoas têm a tendência de mentir. As pessoas também têm uma característica pré-programada de que faz com que elas esperem que a outra pessoa conte apenas a verdade, ainda mais em primeiros encontros.

Detectar a verdade precisamente só acontece 67% das vezes e detectar a mentira, 44%. Quando você usa seus sinais para parecer mais confiável para alguém, você vai fazer com que a pessoa queira fazer negócios com você, o que, no final das contas, pode trazer benefícios tanto a ela quando a você e sua empresa.

No decorrer deste livro, você descobriu quais são alguns dos sinais para se tornar, aparentemente, mais confiável. Encorajar feedback, ouvir, fazer contato visual, sorrir para mostrar sua apreciação pela pessoa e se aproximar da pessoa durante a conversa pode indicar o quão confiável você pode ser, mas há também outros sinais, como deixar seus pés encostados no chão, ter uma postura boa, deixar as pontas do seu pé apontadas para a pessoa que está falando, acenar positivamente com a cabeça quando você está fazendo pontos positivos e negativamente quando está falando sobre pontos negativos, e, eventualmente, encolher os ombros.

Para fazer esses sinais parecerem naturais, você precisa praticá-los. Você pode praticar para que sua linguagem corporal e palavras estejam em sincronia. Tente antecipar questões que seus colegas podem perguntar depois de sua apresentação, ou o que o seu chefe dirá quando você ainda não tiver terminado seu trabalho, e pratique suas respostas – tanto verbais quanto não verbais.

Motive os outros

Quando você é um gerente ou executivo, você precisa saber como motivar os outros. Padres, políticos e até vendedores que dão discursos sabem o poder da motivação. Se você quer ser um figurão, você terá que saber como motivar os outros a lhe seguirem. Pessoas atendem até a protestos para defender suas vozes sobre assuntos pelos quais elas têm paixão. Isso é porque elas sabem o elemento chave para estimular a mudança: motivação. Da mesma maneira, pessoas que fazem discursos motivacionais também incitam o mesmo tipo de mudança – dando às pessoas o incentivo que elas precisam. Frequentemente, pistas não verbais serão usadas por essas pessoas para criar motivação. Alguns dos melhores sinais que você pode usar para criar motivação no ambiente de trabalho são um discurso acelerado, uma variação no tom de sua voz, e uma linguagem corporal aberta, com palmas da mão para cima, contato visual firme, e sorrisos genuínos. Mas você tem que saber como usar esses sinais não verbais gentilmente e com firmeza ao mesmo tempo.

Mesmo que você queira parecer no controle, você ainda tem que passar o sentimento de que você importa com o que as outras pessoas sentem. Lembre-se que você tem que se colocar no lugar das outras pessoas. Se você quer que alguém trabalhe até mais tarde ou faça um trabalho extra, então você tem que motivar a pessoa a querer fazer isso, não fazer uma queda de braço com ela. Quando você está tentando motivar alguém, a primeira coisa que você precisa fazer é construir harmonia. Depois disso, você deve se aproximar da pessoa, olhas ela nos olhos e pedir o favor que você precisa com as palmas da mão abertas, assim como os braços. Uma vez que você tenha feito isso, espere e veja a reação dela. Se a postura da pessoa parecer submissa, ela evitar contato visual e encolher os ombros, você acaba de fazer uma queda de braço com a pessoa. Esses são os sinais que você não quer ver, pois então você precisa reconstruir a harmonia com a pessoa e tentar motivá-la novamente. Você vai saber quando suas técnicas motivacionais funcionaram porque você verá uma aparência de orgulho com sorrisos genuínos aparecendo. Depois de motivar alguém com sucesso, a pessoa vai sentir que a tarefa foi ideia dela mesma, e ficará feliz em fazer o trabalho extra.

Conclusão

Todos os dias nós nos comunicamos com outras pessoas. É essencial que a gente se conheça, assim como os outros. Há palavras não ditas com as quais nos deparamos que precisam ser decifradas para que possamos ter um relacionamento mais saudável e enriquecedor com os outros.

A comunicação não verbal é essencial em nossas interações diárias. Ela nos dá atalhos para nos expressarmos de uma maneira que envolva pouca elaboração de palavras e explicações. Conforme nós progredimos neste livro, você descobriu um significado mais profundo do porquê nós fazemos o que nós fazemos, e o porquê de certas coisas serem feitas de jeitos que nós não entendemos.

A interpretação correta da linguagem corporal das outras pessoas pode nos ajudar a interpretar os outros e entender melhor as mensagens que eles querem nos passar. Ela também nos ajuda a se proteger de mentirosos e pessoas que querem tirar vantagem de nós. Aprender a arte de decifrar a linguagem corporal nos salva de corações partidos e a dor das mentiras.

Há maneiras diferentes de interpretar a linguagem corporal, mas nós devemos ter cuidado ao julgar os outros. Algumas linguagens corporais podem ser mal interpretadas devido à formação de hábitos. É essencial considerar diferentes fatores que cercam o comportamento de uma pessoa, como histórico familiar e estados mentais, dentre outros.

No final das contas, a linguagem corporal é essencial para fazer nossas comunicações mais significativas. Aprenda o básico deste livro e use-o para enriquecer as suas habilidades comunicativas, para que você seja uma pessoa que usa a linguagem corporal à favor do próprio sucesso.

www.ingramcontent.com/pod-product-compliance
Lightning Source LLC
LaVergne TN
LVHW011942070526
838202LV00054B/4760